ちくま学芸文庫

シェーンベルク音楽論選

様式と思想

アーノルト・シェーンベルク
上田 昭 訳

筑摩書房

STYLE AND IDEA
by
Arnold Schoenberg
1950

〔訳者序文〕アーノルト・シェーンベルクの調性感について

長調および短調の調性は、J・S・バッハ（一六八五〜一七五〇）において初めて厳格な意味での成立を見、J・P・ラモー（一六八三〜一七六四）によって理論的に体系づけられたものであった。

ある調性の調性感は、その調性固有の音を用いることによって表出されるものであり、初期の調性作曲家の作品においてはこのような手法が広く重用されていた。調性の確立、保守の原動力となるのは《ドミナントの機能》である。しかし、このドミナントの機能は、それをさらに追求していくと、今度はそれが調性破壊への機能として働く、といった性質があるため、調性はその発達と共に次第に自壊作用を起さざるを得なかったのである。

R・ワーグナー（一八一三〜一八八三）の和声法はきわめて拡大されたものであり、彼こそ調性破壊への道を強くおしすすめた作曲家であったと言える。楽劇『トリスタンとイゾルデ』冒頭において彼の用いたいわゆる《トリスタン　アコード》は、きわめて調性感のあいまいな流動的なものであり、従来の和声学の概念ではとうてい律し切れぬ自由さを持ったものであった。

シェーンベルクが生を受けたのは、ワーグナーが《トリスタン　アコード》によって世を驚かせてから約十年後のことである。もはやドミナント機能に調性保守、楽曲統一のための手段を期待できないところから出発したシェーンベルクには、新たな楽曲統一のための手だての探究が課せられた必然の命題であったと言える。初期のシェーンベルクがまず行なったことは、主題および主題を構成する動機の展開を楽曲統一のための手段として活用し、さらには線的書法を重視することによってこれを半音階的書法と密接に結びつけ、拡大された調性の中にあって主題の十分な展開を求める、という手法であった。

シェーンベルクの初期の作品における和声法は半音階法を大幅に導入し、従来の意味での機能和声への依存からは脱しながらも究極的には調性和声のわくからは逸脱しない、というのがその特徴となっている。

『四つの歌曲』(作品二)、『清められた夜』(作品四)、『ペレアスとメリザンド』(作品五)、『弦楽四重奏曲　第一番　ニ短調』(作品七)、などはこのような手法によって書かれた作品の好例である。これらの作品中には押しすすめられた半音階法、「解決されないままに保留された半音階的掛留音」といったいわゆる豊かに変形された和声法が質高く開花している。

『弦楽四重奏曲　第一番　ニ短調』（作品七）はこのような手法によって書かれた最初の詩や標題を伴わない純器楽作品である。後にも述べるが、シェーンベルクにとっての最初の、新しい音響世界を追求しようとした純器楽作品である。この作品が、ソナタ形式という調性感覚とは本質的に不可分の関係にある楽式によって書かれていることは興味深い。

『十五の独奏楽器の為の室内交響曲　第一番　変ホ長調』（作品九）はシェーンベルクが新しい音組織を開発したものとして有名な作品である。題名の如く、どのパートもすべてソリストによって奏されるといった個人主義的ないき方は、当時、R・シュトラウスなどによって行なわれていた大オーケストラ主義に対する反動を示したものとされているが、独奏楽器の集合であるこの曲においては必然的に高度なポリフォニーが駆使されている。和声的にこの曲を眺めてみるに、この曲においてシェーンベルクは初めて三和音体系以外に音素材を求め、四度圏和音の使用を行なっている。この曲においては曲首において呈示された四度圏和音がただちに五度上に移され主題を形成する、といった手法が用いられているのであるが、四度圏和音という三和音体系以外の新しい音素材を導入しながら、まさにその時、一種の導音感覚にもとづいた半音階転位を行なったり、五度上への動機の転位を行なったり、本質的にドミナント感覚とは密接不可分のソナタ形式という楽式を採用していることは、シェーンベルクが新しい音響にひかれはするものの究極的には調性の持つ吸引力を捨て切れずにいるさまを示していると言える。

次の作品『弦楽四重奏曲　第二番　嬰ヘ短調』（作品一〇）においては、さらにすすんだ新しい音世界の探究が行なわれ、事実上調性との訣別の行なわれた記念すべき作品であるが、この作品においてはソプラノ独唱が弦楽四重奏に参加する、というおよそ他に例をみないような変った編成が行なわれている。この作品においてシェーンベルクが到達したのは、和声進行の短縮と半音階法の追求の結果としての自由な無調の世界であった。このような世界は『ゲオルゲの詩による十五の歌曲』（作品一五）においてさらに追求され、和声法はさらに没機能的なものになっていく。

シェーンベルクには作品番号にしてちょうど五十、作品番号の重複もあり実際にはこれよりもう少し多い数の作品があるのであるが、そのうち詩、あるいは標題を伴ったものは二十七曲の多きにのぼっている。これをいま少しく詳しく時代別に眺めてみると、一八九七年に完成した『二つの歌曲』（作品一）から、一九〇八年、遂に無調の世界に足をふみ入れる『第二弦楽四重奏曲』（作品一〇）に到るまでの十年間、シェーンベルクはほぼ一年に一作の割合で計十三曲の作品を書いているが、そのうち詩、もしくは標題、あるいは台本を伴った作品は実に計十一曲の多きに及んでいる。（シェーンベルクの場合、作品番号と作曲の行なわれた順序は必ずしも一致しない。また作品の完成年度のはっきりしないものもある）

これに続くいわゆる調体系の停止の時代には一九〇八年に完成された『二つの歌曲』(作品一四)から一九一三年に着手され一九一六年に完成した『四つのオーケストラ伴奏付歌曲』(作品二二)までの八年間には計十二の作品が書かれているが、そのうち、標題、詩、台本を伴った作品は計七曲である。『四つのオーケストラ伴奏付歌曲』(作品二二)を完成して以来十年間、シェーンベルクには完成された作品はない。彼は完全に沈黙してしまうのである。そして一九一三年から数えるならちょうど十年目の一九二三年に到り、シェーンベルクは『五つのピアノ曲』(作品二三)、『セレナーデ』(作品二四)、『ピアノ組曲』(作品二五)という十二音技法による作品を矢つぎばやに発表するのであるが、十二音技法の完成以後は、詩、標題、台本を伴った作品の数は急激に減少してしまい、『ナポレオンへのオード』(作品四一)、『ワルソーの生き残り』(作品四六)等の問題作を含みはするものの七曲ものそれほど重要ではない合唱作品をも含めて、詩、標題、台本を伴った作品は二十七曲中の十一曲にすぎず、反面、『バイオリン協奏曲』(作品三六)をはじめとする幾多の極めて質の高い大規模な純器楽作品が生み出されるのである。

このことはシェーンベルクの音楽観、あるいは調性との対決、さらには文学、標題との対決のさまを考察する上の一つのポイントとなるのではないかと考えられる。

後期ロマン派的手法から出発したシェーンベルクが和声法の拡大、調性の放棄、十二音技法の創始へとすすんでいったことはすでに見てきた通りであるが、ロマン派以後の和声法の拡大のよってたつ論理的必然性についてシェーンベルク自身は次のように述べている。《ロマン主義時代の作曲家達は、音楽は〝何ものか〟を表現するべきであると信じていた。先の時代にもこのような傾向はあったのであるが、ロマン主義においては音楽は音楽以外のもの、つまり詩的な、あるいはドラマティックな主題感情、行動、さらには人生哲学上の問題すらが音楽において重要な意味を持つようになったのである。このような傾向は音楽の実質のあらゆる特色に変化をきたさせる原因となった。音楽的インスピレイションの源がどこにあるにせよ、それは結果として音楽に大きな発展をもたらしたのは確かである》と。(『和声の構造的諸機能』邦訳書名『和声法』上田昭訳、音楽之友社版)

即ち、テキストや詩が要求するクライマックスやアクセントは従来の調性音楽が自然に求めるクライマックスとは必ずしも一致するとは限らない事態が起る可能性があり、このような矛盾を解決する必要から旋律や和声の質的変貌は不可避であった、と説くのである。

このことは事実であろう。しかし、シェーンベルクの場合、シェーンベルクのこよなき理解者であったシュトッケンシュミットの『第二弦楽四重奏曲』におけるシェーンベルクの詩の扱いを評した《彼の音楽はゲオルゲの詩の崇高さからは、はるかに遠く、性格的にも奇嬌と飛躍に満ちていた》(H・H・シュトッケンシュミット『シェーンベルク』吉田秀和訳、音楽之友社版)との言葉はともかくとしても、先に検討した、さまざまな時期における詩、標題、台本を伴った作品の全作品中に占める割合の変化を考え合せる時、むしろ極限にまで拡大され切った調性上の問題と対決し、抜き差しならない境地に立ち到った時、あえて音楽以外の要素を導入して限界場面を作ることによって問題解決への手だてを見出そうとした、という見方も成り立ち得よう。

先に述べたように、シェーンベルクは一九二三年に到り十二音技法を採用した三つの作品を矢つぎばやに発表する。十二音の採用を心に決めるに到る思考過程および十二音技法そのものについての詳細は本書「十二音による作曲」の項に詳しい。

興味深いのは、彼の最初の十二音作品である『五つのピアノ曲』（作品二三）および『ピアノ組曲』（作品二五）に、またしてもひそむ間接的ではあるが従来の調性との近親性である。作品二五においては古典組曲という楽式が用いられている。すでに見て来た通り、最初の大規模な純器楽作品『第一弦楽四重奏曲』においては、調性の拡大、線的書法の追求といった新しい音響世界の追求が行なわれながら、用いられた楽式はソナタ形式であった。三和音体系以外に素材を求めた新しい音組織の探究の行なわれた『第一室内交響曲』においては、やはりソナタ形式の採用が行なわれ、五度感覚が楽曲を強く支配していた。無調世界への初めての探究の行なわれた『第二弦楽四重奏曲』においては弦楽四重奏にソプラノ独唱を加えるといった極めて例外的な楽曲構成が行なわれていた。そして、最初の十二音作品の一つである『ピアノ組曲』においては、またしても古典組曲、という従来の調性音楽と密接不可分な楽式の採用が行なわれるのである。

和声、音響、調性感、といった音楽の垂直面に関してシェーンベルクは当時として非常に意欲的、革新的であった反面、リズム、楽式といった音楽の水平面、乃至は構成面に関してはそれほど革新的な感覚の持主ではなかった人であるが、それにしても新しい音響の探求が行なわれるまさにそのたびごとにそれにふさわしい楽式の創造ないしは従来の楽式に対する工夫、といった意欲的な行動が見られず、ことさら従来の楽式、もしくは音楽以外の要素に楽曲統一の手だてを求めていくところに、彼の持つ音感覚が完全な意味においては従来の調性感覚から完全に脱することを望んではいなかったことが現れているように思えるのである。

作品二三の終曲において彼の採用した基礎音列は興味深い。後年のシェーンベルクが十二音技法によりながらも意識的に調性への再接近を試みたことは良く知られている。基礎音列に工夫をこらし、基礎音列を完全五度下に移したものと原形態との間に或る種の関係が生じるよう意識的に工夫をこらしておき、その関係をもとにして楽曲の統一をはかったり、五度感覚への再接近をくわだてたりする、といったやり方がそれである。

しかしながら、長年の努力の後、シェーンベルクが十二音技法の適用を思い立った最初期において考えていたことは決してこのような五度感覚への再接近ではなく、もっぱら如

Op. 23［作品 23］の基礎音列

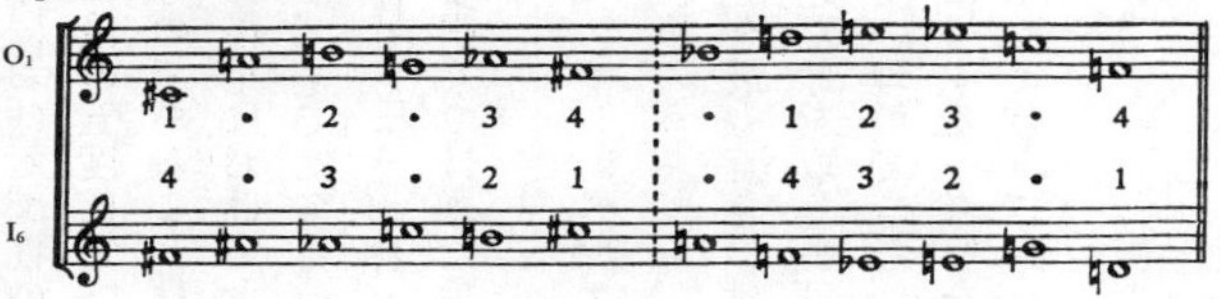

何にすれば従来の調性感を否定し得るか、ということにほかならなかった。このことは本書中のシェーンベルクの論述を見ても極めて明白である。また、十二音技法を用いた最初期の作品である作品二三の終曲においては、意識的に音列を分割したり、音列の操作によって複雑な楽曲構成を考える、といった工夫のこらされた形跡はない。

然るに、いまこの曲の基礎音列を完全五度下に移置し反行させたものを原形態と比べてみると、O_1 の前半の六音中四音までが I_6 の前半の四音に等しく、しかも〈譜例〉に示すように共通する四音は互いに逆行関係にあるのである。このような関係は音列の後半の諸音においても同じく成立している。いましがたも述べたように、シェーンベルクはやがて音列にさまざまな工夫をこらし、音列を分割してトロンソンを作るなどの複雑な操作を行なうようになる。作品二三の基礎音列はまさにこのような音列操作にはうってつけの可能性を秘めている。シェーンベルクがどのようにインスピレイションを働かせ、どのように考えた後、この基礎音列を創造したかはもとより明らかではない。しかし、いずれにせよもっとも強く従来の意味における調性の否定を考えていた十二音技法における最初期の作品の音列が、このように後の五度感覚への再接近を意識的に考えた時期の作品の音列のように複雑かつ興味深いものであることは十分に注目に値すると思うのである。

後年におけるシェーンベルクの調性への再接近やシェーンベルクの用いた楽式に関しては、すでに多くが語られているところであるが、シェーンベルクの最初期の十二音作品（作品二三）の終曲におけるこのような音列の興味深い潜在的可能性については、私の知る限りでは未だ論述が行なわれていなかったと記憶する。

シェーンベルクは多才な人であった。シェーンベルクが生涯において行なった数多くの仕事のうちでも、確かに十二音技法の創始という仕事は極めて重要なものであり、世の関心を最も惹きつけたのも事実である。しかし、いまも見てきたように調性感覚、という問題だけを取り上げてみても、極く単純な思考判断だけではシェーンベルクの真の姿をとうてい理解できないことを知るのである。いたらぬ論ながらシェーンベルクのいだく調性感に対する一考察を試みた次第である。読者諸氏のシェーンベルク理解の一助としていただければ幸いである。

上田昭

シェーンベルク音楽論選【目次】

シェーンベルク音楽論選——様式と思想

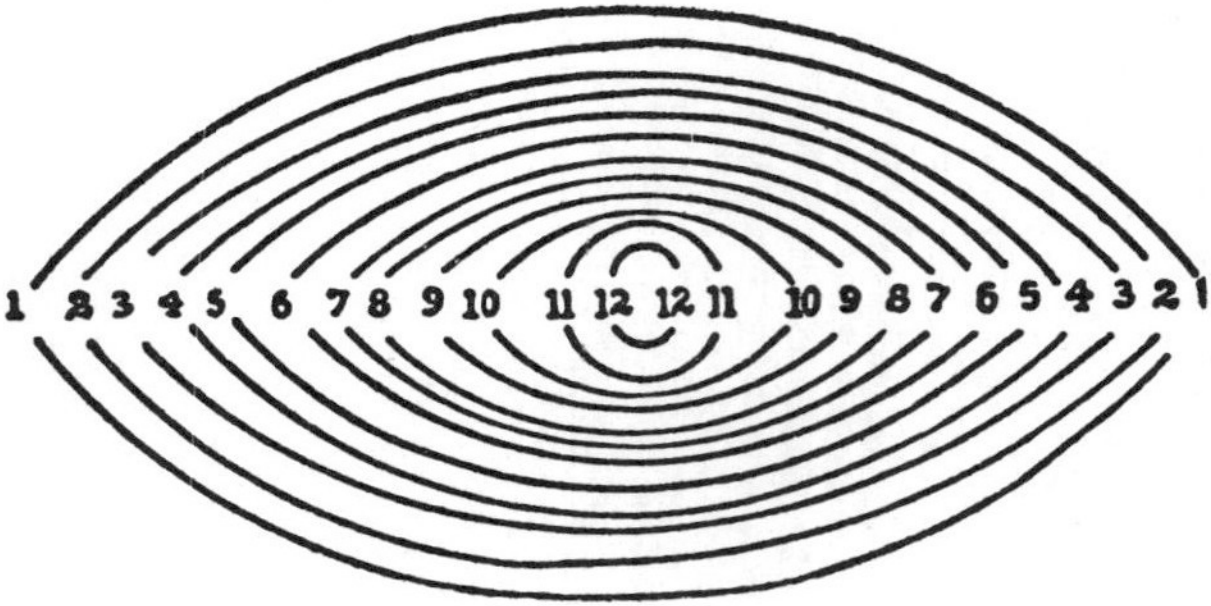

音列の原理を説明するシェーンベルクのデッサン
P.186参照

音楽の様式と思想

新しい音楽について、古めかしい音楽について、あるいは音楽の様式について、といった問題に関してはここ二十五年ほどの間に取りあげられ、広く論議されることは多かった。しかし音楽の思想に関しては、あまり活発な論議が交されることはなかった。

残念なことに、現在行なわれている音楽教育の方法は学生達を音楽そのものに精通させる、というのではなく、作曲家や演奏家、聴衆、批評家、といった人々にまつわる、だいたいが嘘で固めたような数多くの逸話と、途方もない量の通俗美学で体裁を整えた、おおまかに言うなら間違いではない、といった程度の史実の寄せ集めのたぐいを講述する、といったやり方である。

私はかつて大学の二年生が試験答案に「シューマンのオーケストレイションは陰気で不鮮明である」と書いていたのを読んだことがある。この学生は一般教養科目の〈音楽〉の単位を取り、〈和声学〉をほんの少し学んだことがあるのだが、**活きた音楽**はあまり耳にしたことがないようであった。「シューマンのオーケストレイションが陰気だ」とかいうようなこの言葉をこの学生は授業で使っている教科書から一語一語引き写すように覚えたのである。オーケストレイションのエクスパートと言われる人達のうちの何割かの人達は管弦楽作曲家としてのシューマンを断罪することには恐らく異議を差しはさみもせず賛成するかも知れない。しかしシューマンのオーケストレイションは全てが拙いわけではない。シューマンのオーケストレイションを華麗であるとか、或いは少なくとも、よい部分があるが陰気な箇所もある、とかいう評価を下している他の専門家もいるかも知れないのである。このような意見の持主にはシューマンに対する非難のおこりはワーグナーの新ドイツ楽派とシューマン＝ブラームス＝アカデミック派の間の争いにあるのだということ、そしてシューマンに批判的な人々の胸の中には『魔法の火』や『マイスタージンガー序曲』や『ヴィーナスバーグ』などのようなワーグナーの音楽の華麗な部分が頭に浮んでいるのだ、ということもまたよくわかっていたに違いないのである。このような華麗さはシューマンにあっては極く稀にしか見られない。しかしオーケストレイションのエクスパートはオーケストレイションが完全無欠であるような作品は極くまれにしか存在しない、ということもまたよく知っている。たとえばワーグナーのオーケストレイションは彼の死後二十年以上も歌手の声を消してしまうほど声楽のパートに覆いかぶさったような状態のまま放置されていたのである。私はワーグナーの音楽を透明性に富んだものにしようとしてマーラーがどれだけ多く彼のオーケストレイションに手を入れなければならなかったかをよく知っている。R・シュトラウスもまた、このようなたぐいの調整が必要だった箇所をいくつか私に示してくれたことがある。

　このように、教科書に書いてあることと大学二年生の女の子の頭の中にあること、との間にあるのと同程度の一致はオーケストレイションの専門家の間には存在しないのである。ところが取り返しのつかないあやまちがすでに行なわれてしまっている。即ち、さきほどの女子学生や、おそらくは彼女の同級生達はみんなもうシューマンのオーケストラ曲を虚心、敏感に聴かなくなってしまっているであろう、ということである。彼女達は、おそらく学期の終りまでには音楽史や美学などの知識と興味深い逸話などを沢山教えてもらっているだろうが、不幸にして〝陰気にオーケストレイションされた〟あのシューマンの管弦楽曲の主題は一つも憶えていないかも知れない。二、三年もすればこの学生は修士号を取るか、教師にでもなっているか、或いはその両方になっているにちがいない。そして音楽家や音楽そのものに関する浅薄な知識や、受け売りの評価、といったたぐいのことがらを門前の小僧式にふり廻していることだろう。

　このような具合にして、非常に多くの擬歴史家が育てあげられていくのである。このようにして育て上げられた擬歴史家達は自らを専門家であると信じ、それだけで音楽や音楽家を批評する資格がある、と信じ込むだけではなく指導者の役を僭取さえして、音楽芸術の発展に影響を与え、先頭に立って音楽芸術を系統づける仕事にたずさわる資格さえあるのだ、と思いこんでいるのである。

第一次大戦の二、三年後、音楽の将来に関する予言が行なわれた時、このような擬歴史家達が西ヨーロッパにおいて支配的な発言権を獲得したのであった。フランス、イタリー、ドイツ、オーストリア、ハンガリー、チェコスロバキア、ポーランドなど、音楽創造の盛んな国々で、突如として**新しい音楽を！**というスローガンがとなえられ始めた。これは、他の芸術分野においてこのようなスローガンが芸術の新しい方向を推進したことが過去数回にわたって存在する、ということを擬歴史家の中の一人が思い出してとなえ始めたものに違いないのである。鬨の声というものはたとえ人気を獲得することはあっても、浅薄で、少なくとも部分的には誤りを含んでいるに違いないのである。ショーペンハウエルが言ったという「話の途中、急に拍手喝采を受けて話の腰を折られた古代ギリシャの雄弁家が驚いて『私は何か馬鹿なことを言ったでしょうか⁉』と声高に抗議した」という話がわかるのである。

新しい音楽とは何なのか？

明らかに、それはあくまでも音楽であることには変りはないが、それ以前に作曲された音楽とはあらゆる要素において異なっている音楽であるに違いない。それは、これまでの音楽においてはまだ表現されたことのないものを表現するものであるに違いない。いうまでもなく、より高度の芸術にあっては、今まで決して表出されたことがないもののみが表出される価値があるのだ。偉大な芸術作品で人類に新しいメッセージを伝えないようなものは決して存在しない。また、偉大な芸術家でこのような点が欠如しているような者は決して存在しない。このことは芸術におけるあらゆるすぐれた人達の名誉上の通念ともいうべきことがらである。従って、たとえジョスカン・デ・プレのであれ、バッハのであれ、ハイドンのであれ、あるいはその他のどのような巨匠のであれ、すぐれた人達の手になるあらゆる傑作の中に、われわれはかの不滅の新しさを発見するのである。

何故なら、芸術とは新しい芸術のことだからである。

「新しい音楽を！」というスローガンが音楽創造の進路を変えるかも知れない、という考えは、おそらく「歴史はくり返すのだ」という信念にもとづいたものであろう。周知のように、J・S・バッハがまだ存命中に、新しい音楽様式が生まれてきて、後にその中からウィーン古典派の様式や単旋律様式、さらには私が発展変奏と名付けているような作曲様式が育ってきた。従って、歴史が本当にくり返されるものであるならば、ただ新しい音楽の創造を要求すればよい、という仮説は現代においても満たされようし、レディーメイドな創作もまたよいかも知れない。

しかし、これは原因を誤った論である。音楽作品の様式が変化した原因は他にあるのだ。単旋律様式が盛んであった時代には、音楽家達は旋律を創造するということにかけてはすぐれた技術を身につけたが――即ち、主声部を可能な限り内容充実したものにするために、伴奏部はほとんど意味のないものになってしまうほど内容の抜きとられたものにしてしまう、という手法を身につけたのであったが――また一方では、他の作曲家達が、すでに図式的技法になり下ってしまっているように思えるそのような手法を煩わしく思ったのはもっともなことであった。これらの人々には、自分自身の目に旋律美と映っているものよりも、むしろ伴奏のまずしさの方がいっそう煩わしく思えたのだろう。音楽空間の唯一の方向であった水平線がこの時代に発達したのに対し、次の世代の作曲家たちは伴奏部をも充実したものにするべきである、とする傾向――音楽空間の垂直面に従う傾向――に呼応したのであろう。このような傾向が、たとえばハイドンに比べてベートーベン、モーツアルトに比べてブラームス、シューマンに比較してワーグナーにみられるように、伴奏声部のより豊かな精巧さをもたらしたのである。これらの場合、いずれも旋律の豊かさは少しも損ねられることなく伴奏のはたす役割が強化され、一般効果にさらに貢献している。いかなる歴史家といえども、ベートーベンやブラームスやワーグナーに対して伴奏部をビタミンで強化しなさい、などと言う必要はないのだ。少なくともこの三人は、強情ではあっても歴史家に扉を示してくれたにちがいない。

そして、逆もまた真である。

たとえばある楽句において、声部が他声部との関連、形式上のバランス、内容との関係などの点から対位法的組合せの一部としていっそう練り上げられたような場合、一つ一つの声部の旋律的雄弁さ、というような点においては、それぞれの声部が主声部としてあった場合に比べ劣ったものになるに違いない。

若手作曲家の中にこのようなことは回避したいという願望が再び生まれてくるかも知れない。すると彼等は副声部を細心に練り上げたり、対位法的組み合せに細心の注意をはらったりすることをしなくなるかも知れない。主声部だけを入念に仕上げておいて、伴奏声部は理解に必要な最少限の程度の密度の仕上げにとどめておこう、といった考え方がこうして再び頭をもたげてくるだろう。

このようなことが原因で作曲の方法に変革が起るのである。音楽というものは、いろいろな意味で時間を費す。音楽は私の時間を費し、あなたの時間を費し、音楽自身の時間を費す。もし仮りに音楽がこのいずれの時間においても、最も集中的に、もっとも重要なことを述べようとしないなら、それはひどく迷惑なことであると言わざるを得ない。こういうわけで、作曲家が一つの方向を可能な限りの内容で満たす技術を習得してしまえば彼等は当然次の方向においても、そしてついには音楽が展開するすべての方向においても同じことをしなければならなくなる。このようなことは段階的においてのみ生じ得るのであって、理解し易さと妥協する必要から、内容の混み入りすぎる表現法や、つながりもなくいろいろなことがらが並置され過ぎたり、適当な成熟を待たず結論にとび込んでいく、といった表現法は許されないのである。

もし音楽が以前の方向を捨てて、このような風に新しいゴールに向ったのなら、このような変化を生み出していった人達にとって擬歴史家の忠告が必要だったとは信じられない。テレマン派、ラモー派、カイザー派、エマヌエル・バッハ派などがすぐ後にウィーン古典派に通じる新しい何ものかを創造した、ということをわれわれは知っている。なるほど、音楽における新しい表現法が創造されたわけだが、このことは前の時代の音楽を流行おくれにする結果になっただろうか。

奇妙なことだが、J・S・バッハの音楽が流行おくれ呼ばわりされる、といった事がこの時代の初期に起っている。しかも、もっともおかしいのは、J・S・バッハをこのように流行おくれ呼ばわりした者の一人にJ・S・バッハ自身の息子、エマヌエルが加っていたということだ。もしもモーツアルトやベートーベンがエマヌエル・バッハに大きな敬意をはらっている、という事実がなければ世間はこのようなエマヌエルを偉大な作曲家であるとは素直に信じなかったかも知れない。J・S・バッハを時代おくれ呼ばわりした人々の目には、エマヌエルはあくまでリーダーとして映った。それは彼等自らの**新しい音楽**の上に、トランジション、リクイデイション、発展変奏、劇的な再現、種々の展開法、副主題の誘導の工夫、高度に分化したダイナミクス（*crese., decresc., sf., subitop, marcato* 等々）の工夫、レガートとスタッカート楽句、アチェレランドとリタルダンドの対比、それに独特の語法によるテンポとキャラクターの確立、といったこれまでに知られなかった多くの構造上の工夫のほかに発展変奏のような肯定的原理をつけ加えた後でさえそうであった。

"Das ist nicht ein Bach, das ist ein Meer"

（これは小川《バッハ》ではない、これは大海なのだ）

といったベートーベンの言葉は正確である。ベートーベンはエマヌエルのことを、このように言ったのではなかった。ベートーベンの言ったのはJ・S・バッハのことなのである。ベートーベンはこの言葉の後に何故「では、小川とはいったい誰のことなのだろう？」と付け加えなかったのだろう。

とにかく、一方では一七五〇年までにJ・S・バッハは無数の作品を書いており、その独創性たるやわれわれがその音楽を研究すればするほど驚嘆すべきものに思えてくるのだが、また一方では彼は前代未聞の新しい音楽様式を発展させたばかりではなく、実際に創造もしたが、また一方ではこの新しさの肝心の本質はまだ専門家の目にとまらないでいたのだ。

いや失礼！

私は自分の発言したことを証明しなければならないとは思うのだが、まるであたかも「新しい音楽を」とでも言うような浅薄な発言はつつしみたいのである。

バッハの芸術の新しさはネーデルランド楽派の作品やヘンデルの芸術と比較してみてはじめて理解され得るものである。

ネーデルランド楽派の奥義秘伝の基本は全音階の七つの音の間に起り得る対位法的関係を完全に認識すること、であった。このことによって、全音階の七つの音はそれぞれ、いろいろな形において水平移動や垂直移動、あるいはその他の変化を可能とするいろいろな組合せを生み出すことができたのであるが、残りの五つの音についてはこの規則の限りではないので、これらの残りの音が出現する場合にはこういった対位法的コンビネーションとは異なった臨時音として出現したのである。

これとは対照的に、ネーデルランド楽派の作曲家達が知っていた秘訣よりも、もっと以上のことを心得ていたバッハは、このような規則を一オクターヴ内の十二の音の全てに適用するところにまで拡大した。バッハは時々〝最初の十二音作曲家〟と呼びたくさえなるような方法で一オクターヴ内の十二の音を動かしている。

バッハにおける主題の対位法的柔軟性は、附加声部により多く活動の機会を与え得るように、多様性ある対位法、という立場で直観的に考えていくのだ、ということを見極めてからヘンデルの対位法と比較してみると、ヘンデルの対位法はむき出しであり、単純で本当に劣っているように見えるのである。

その他の点から見ても、バッハの芸術はヘンデルの芸術よりも高級である。劇場作曲家としてのヘンデルは、常に楽曲を個性的に開始する力を持っており、その開始主題はしばしば秀逸であった。しかしながら、それに続く部分は主題の反復に見るべきものがあるほかは音楽の密度は低下してしまい、グローヴ音楽辞典の編集者が「くず」と呼びそうな空しく無意味な、まるでエチュードのような和音音型ばかりが続くのである（訳注・グローヴ音楽辞典＝世界で最も権威のある音楽辞典の一つ。）。これとは対照的に、バッハの推移部や副次声部は風格があり、創意、想像力、発想にあふれている。バッハの副次声部は決して劣っていない。バッハの副次声部は彼を旧式呼ばわりしたあのカイザー派、テレマン派、P・E［エマヌエル］・バッハ派、などのすべての音楽の副次声部よりももっと美しく豊かで表現に富んだ、バランスのとれたよどみない旋律性に満ちている。バッハを旧式呼ばわりした人々は、バッハがまた彼等の〝新しい音楽〟の進歩に必要であった肝心の技法、即ちあの偉大なウィーン古典派の様式を可能にした発展変奏のテクニックを紹介した第一人者だったということを認識できなかった。

バッハが新しい表現法でこのように次々と作品を生み出していた間、彼の同時代人たちの行なったことは、彼を無視することくらいだったのである。バッハを旧式呼ばわりした連中の**新しい音楽**の大部分は残ることなく滅びてしまいはしたが、このような音楽が新芸術の端緒であったことは否定できないのだ、ということが言われ得る。しかし、この論には間違っている点が二つある。まず第一には、彼等の**新しい音楽**が確立したいと思ったのは音楽そのものの新しさではなく、新旧を問わず、楽想を提示するための新しい様式であったにすぎなかった、ということである。それは音楽の発展途上における新しい波であり、前述の如く音楽空間の別の方向である水平面を発展させようとする波だったのである。第二には彼等がバッハの音楽を流行おくれ呼ばわりした事が間違いだったのである。歴史が示すように、バッハの音楽は少なくとも永遠に流行おくれになってしまったのではなかった。その証拠に今日ではバッハに対して批判的であった連中の音楽の方が流行おくれになってしまったのに対してバッハの音楽は時代を超越して存在している。

ところで、「流行おくれ」という概念もまた検討してみる必要がある。この概念の実例は知的領域におけるより、どちらかと言えばわれわれの日常生活の中で発見することができる。たとえばロング・ヘアーは三十年前には女性の美しさに重要な役割を果たすものだと考えられていた。だが、ショート・カットが今後どれだけ急速に流行おくれになっていくか、誰が知ろう。ペーソスは百年ほど前には最も賛美された詩の長所の一つに数えられていたが、今日では滑稽に見える。今日ではペーソスは諷刺を目的にした場合にのみ使用されている。電燈はろうそくのあかりを流行おくれにしたが、スノッブ達は、芸術的に装飾された壁が電線で台無しになりそうな貴族の城の中でろうそくがともされていた、という理由でいまだにろうそくを使用している。

このことは、物事が流行おくれになっていく理由を指摘しているだろうか。

ロング・ヘアーが流行おくれになったのは、働く女性が不便を感じたからである。ペーソスは自然主義がありのままの生活と人々が用事を片づけたいと思っている時の話し振りを画いたのをきっかけに流行おくれになってしまったのであり、ろうそくは、いやしくも召使いを使う以上は召使いに余計な仕事を与えることは馬鹿げたことである、ということを人々が自覚した時から流行おくれになったのである。これらの例のすべてに共通するのは、われわれの生活形態の変化ということである。

音楽についても同じことが言えるだろうか。どのような生活形態がロマン主義音楽を不適当とするのだろう。現代にはもうロマンティシズムは存在しないのだろうか。古代ローマ人が二輪戦車《チャリアト》に轢き殺されることに熱狂したより、われわれが自動車に轢き殺されることに熱狂することの方が少ないというのだろうか。たとえ自己のかち得た栄冠が翌日の新聞の第一面と共に色褪せようとも、自分の命と引き換えの冒険をしよう、という青年はいないのか。もし機会があればロケットで月に行ってみたい、というような青年はいないのか。子供だけでなく大人も、あらゆる年齢の者がターザンやスーパーマンや超人的探偵に対して賛美の声をあげるのはロマンティシズムを愛する結果ではないだろうか。われわれの青年時代にはインディアン物語はもうロマンティックではなかった。それはただ題が変っただけのことである。

ロマンティシズムに対するわれわれの非難はその複雑さと関係がある。確かに、R・シュトラウス、ドビッシー、マーラー、ラヴェル、レーガーといった作曲家や、あるいは私自身の楽譜を人々が見たら、この複雑さのすべてが果して本当に必要なのだろうか、といった疑問に取りつかれるかも知れない。しかし、「今日の若者は自分で理解できない音楽は好まないのだ」と言ったある著名な若手作曲家の結論は、冒険にたずさわる英雄の感情にはぴったりしない。困難、危険、神秘的なことに惹かれるこの種の若者達は、むしろ次のように言いそうな気がする。「自分はいったい半分も終らないうちにわかってしまうような粗末ながらくたをあてがわれねばならないような馬鹿なのだろうか」「この音楽は複雑だが、俺はわかるまで諦めないぞ」

もちろん、このように考える人間はどちらかと言えば楽想の豊富さや深遠さ、問題の難かしさに感激するだろう。知的な人間はどのような馬鹿にでもすぐわかってしまうようなことに煩らわされると必ず気分をこわすものである。

読者にはもうきっと、単に「**新しい音楽運動**」を創始した作曲家達や、ずっと以前に故人になってしまった擬歴史家達を攻撃することが私の目的ではない、ということがわかっていただけたことと思う。バッハ芸術の世に知られることの少ない長所のいくつかについて書くことのできる機会を私は喜んで利用し、さらにはまたウィーン古典派が作曲技法発展に資した何らかの貢献を列記できるという楽しい機会を持つことができたけれど、**新音楽**の宣伝者達に対する攻撃は、実はわれわれと同時代の同じような運動に対しても同じように向けてなされているのだ、ということを認めるのに躊躇しない。たった一つの違い——即ち、私はバッハではない——という点を除いては二つの時代の間には大きな類似点がある。

皮相的に判断するなら、十二音技法をクロマティシズムが発達した時代の最後のものとみることによって、それをバッハが卓絶した専門的知識を駆使して固めた対位法的作曲法の時代のクライマックス的な最期にたとえることになりかねない。このようなクライマックスの終った後に従っていけるのは、ただ彼より価値が劣るものだけである、ということが彼の同時代の若い層が**新しい音楽**へと方向転換していったことに対する一つの弁明として通用している。

しかしながら——この点でもまた私はバッハではないのだが——私は十二音による音楽、および多くの人達が誤って「無調音楽」とよんでいる音楽が古い時代の最期ではなく、実は新しい時代の始まりなのだ、と信じているのである。二世紀前にもそのようなことがあったように〝何か〟が再び流行おくれ呼ばわりをされている。しかも、またそれは或る一つの特殊な作品とか、あるいは一人の作曲家によるいくつかの作品が対象とされているのではないのである。あるいはまた一人の作曲家の能力が問題にされているのでもないのである。排斥されているのは、またもや音楽のスタイルなのである。そしてそれは**新しい音楽**と自ら名乗り、このたびはかつての時よりももっと多くの国々がこの争いに関係しているのである。輸出向けの音楽（比較的小さな国でさえ音楽をたずさえて市場を制覇することを夢みている）に対する国家主義的なねらいはここではさておいても、このようなすべての運動には注目すべき一つの共通の特徴がある。それは、そのいずれもが新しいイデアのではなく、ただ新しい表現様式の提示に専心しているということである。そしてさらにはこの新しい音楽の基礎となるべき原理たるや昔の一番厳格な対位法の中の最も厳格な規則よりも、もっとネガティヴな現れ方をするのである。避けるべきはクロマティシズム、表情に富んだ旋律、ワーグナー風の和声、ロマンティシズム、私的な伝記上のほのめかし、主観性、機能的な和声進行、引例、ライトモティーフ、シーンとムードまたはアクションとの一致、オペラ、歌、コーラスなどの歌詞における独特のデクラメイションなどである。

換言すれば前時代によしとされていたもの全てが現在においては起ってはならないのである。以上のような公認された「禁則」のほかに、私は次のような否定的《ネガティヴ》な長所《メリット》なるものについて考えてみた。即ち、十分な動きをもったバスや揺れ動く和声にかわるオルゲル・プンクト。発展変奏にかわるオスティナートやフガート。主題素材の俗悪さをかくすために用いられた不協和音。新即物主義。対位法にかわる、模倣のしかたが不十分なため、以前なら〝カペルマイスター音楽〟とか、いわゆる私が言うラバーバー対位法として軽蔑されたであろうような一種のポリフォニーなどがそれである。（たった数名の人間が舞台裏で口にした〝ラバーバ！〟という声が劇場にいる聴衆にまるで暴徒の叫びのように響いたことがあった。それで私は主題的に無意味な対旋律がまるで本当に意味があるかのように取扱われているような対位法をこう呼んでいるのである）（訳注・強いて訳せば〝大根役者のような対旋律〟とでもなろうか。皮肉な表現である）。

私がブラームスの家の近所に住んでいた青年時代には、いやしくも音楽家なら初めて作品を聞いてその楽曲の構造をたちどころに理解し、主題の展開、展開された主題素材の由来、転調などをたどることができ、カノンにおける声部の数や変奏における主題の存在などを認知できることなどはごく当り前のことであったし、また或る旋律を一度耳にしたら家までおぼえて帰れるようなアマチュアだっていたのである。しかし、その頃は人々はあまり音楽のスタイルについて語ることはなかったに違いない、と私は信じている。だから、もし或る音楽史学者があえて或る論争に加わろうとする場合においても、それはただ等質のものを耳で感じとれるような人だけであり得た。ハンスリック、カルベリック、ホイベルガー、シュピーデルといった批評家達や、有名な内科医のビルロットのようなアマチュア達にできたのはそういうことだったのである。

肯定的な、あるいは否定的な諸規則が一つの完成された作品からその作品のスタイルを構成する要素としてひき出されるかも知れない。人間には誰でも自分の指紋があり、職人の手にはみな個性がある。このような主観主義から、完成した創作のスタイルを構成する諸要素が育つのである。職人は誰でも自分自身の手の持つ短所によって制約を受けるけれども、また自分の手の特有の長所を利用して人よりもすすんだことを成し得るということもまた事実である。彼の行なうことの全てのやり方の基礎になるのは彼の生得的な諸条件である。西洋すもの木にガラス製のすももの実や、梨や、フェルトの帽子がなることを期待するのは間違いであろう。すべての木の中で、生来の自然のもの以外の実をつけるのはクリスマス・ツリーだけであり、けものたちの中で卵を、しかも色のついた卵まで生むのは、イースター・ラビットだけである。

スタイルは一つの作品の属性であり、自然条件に基づいて、それを創作した人を表すものである。事実、自分の才能を知っている者は、まだ想像裡に見えているにすぎない作品が完成したらどのように見えるか、ということを正確に予言することができるだろう。しかしながら、彼が、あらかじめ考えておいたスタイルのイメージを出発点にする、というようなことは決してないに違いない。彼はテーマを正しく取扱うことに終始専念するだろう。主題を正当に取扱う上に必要なすべてのことを行なえば外観はおのずから妥当なものになるのだ、と彼は確信しているのである。

もし私がさいわいにして、新しい音楽、流行おくれの音楽、音楽のスタイル、といった事柄について私の敵手たちとは異なったいろいろな見解を示すことができたとするならば、今度は芸術作品の中で私にとってもっとも重要だと思えるもの、即ち"*idea*"を論じる、という自分に課した仕事にすすみたいと思うのである。

この分野に入るにはある危険が伴うということは私も意識している。私の敵手たちは私が十二音を用いる、ということの故に私のことを建造業、建築家、技師、さらには数学者——これは私におもねって言っているのではない——とまで呼んでいるのである。彼等は私の『清められた夜』や『グッレの歌』を知っているにもかかわらず、そしてこれらの作品がその情緒性の故に愛好を受けている、という事実があるにもかかわらず、私の音楽を無味乾燥であると言い、私の自然さを否定するのである。彼等は私が心の所産ではなく頭脳の所産を提示しているのだ、と主張するのである。

私は頭脳の持主が、頭脳をもっている、ということの事実を隠したがるのであろうか、とよくいぶかったものである。私は、「土地所有者」と署名した弟ヨハンの手紙を受け取ったベートーベンが「頭脳所有者」とおり返し返事に署名した、という事実を自分の態度の支えとしてきたのである。ベートーベンが**頭脳所有**という点を単に強調したことについては疑問があるかも知れない。何故ならベートーベンは人々が優れている、と感じるような音楽を作曲することができたし、極意を極めたピアニストでもあったし、さらにはそのことで貴族達にも一目置かせるような存在であったからである。彼は出版社に要求した金額に引き合うだけの作品を渡して出版社を満足させることができたのである。彼は誇るべき多くの優れた点を持っていたのである。頭脳の所有ということが芸術家の純真さにとって危険である、と多くの擬歴史家達が考えているのに、何故、彼は「頭脳所有者」とのみ自らを名乗ったのであろうか。

私自身の一つの経験は、人々が頭脳というものは危険なものであるらしい、と考える道筋を例証するかも知れない。私は自分が論理的に物事を考えることができる、ということ、正しい語法と誤った語法を鋭く区別するということ、芸術とは何であるべきかについて極めて厳密な考えを持っているということ、などを隠す必要があるとは思っていない。そういう次第だから、テニス仲間の抒情詩人と議論を戦わせた際、少々自分の頭脳をひけらかせ過ぎてしまった。その時、彼は頭脳で応酬してこないで、「ひき蛙が百足に向《むか》って『お前さんは百本の足のうち次に動かそうとしているのはどの足か、いつも意識しておいでかい?』とたずねたところ、その百足は本能的歩行能力を完全に失った」というような話を悪意に満ちた言い方で言い返してきたのである。

頭脳を持つということが作曲家にとって危険である、とは驚いたものである。しかも頭脳があるということを隠しておく、ということでは駄目であるらしく、ただ何の知能もないということだけが充分条件であるというのだ。だが、私は、頭脳を持った人がこんなことを聞いても落胆することなどはない、と考えている。何故なら、主はもし人の働きが足りなかったり、最善を尽していなかったりしたらその恵みを賜わることをなさらないだろう、ということに私は気付いているからである。神様は私達に〝せっせと使うように〟といって頭脳を賜わったはずである。もちろん、楽想はいつも頭脳の働きの所産であるとは限らない。楽想はある楽音が耳にとどいたり、薫りが鼻にとどいたりするのと同じように、刺激されずしかもおそらくは求められさえもせずに入ってくるかも知れない。

自ら思想を持っている者だけが思想を尊重する。自ら敬意に値する者のみが敬意を表し得る。

音楽における様式《スタイル》と楽想《アイディア》の違いは多分、前述の論議で明らかになったことだろう。今は音楽における *idea* とは本質的には何を意味するのかについての詳細な論議は差し控えよう。何故なら音楽の専門用語はほとんど全部が全部はなはだ漠然としていて、術語はたいてい種々の意味に用いられているからである。*idea* という語は最も多くの場合、テーマ、メロディー、フレーズ、動機《モティーフ》、などと同義語として用いられている。私自身は *idea* とはある曲の総体、即ち創作者が述べたく思った考えのことである、と考えている。これ以上の術語が不足しているので私は *idea* という術語を次のように無理に定義しなければならない。

「ただ一つの音が単独に存在していても、あるいはその音にもう一つ音が加わっても、これらの音の持つ意味は不確かなものである。たとえばハ音が単独に存在しても、あるいはそれにト音が加わっても、これらの音はハ長調に属する音か、ハ短調に属するのか、あるいはト長調なのか、ヘ長調なのか、ホ短調なのか、しかと判別することは不可能である。

この二つの音にもしさらに違った音が加わるとこれらの音の調性は明確になるかも知れないし、あるいはならないかも知れない。このように動揺した不安定な状態がかもし出されるとそのような状態は楽曲の大部分にわたって成長していき、リズムの同じような不安定な機能にあって更に強調されていく……。」

バランスを元にもどす方法こそ、私にとっては楽曲の本当の*idea*であるように思われる。主題、音群、あるいは更に大きいセクションの頻繁な反復は固有の緊張が初期の平衡に向おうとする努力であると考えられる。(この部分の冒頭、「 」の部分は逐語訳によらず、より明確にこのことを述べている彼の著、『和声の構造的諸機能』の冒頭より文章を引用しつつ、自由な日本語に書き替えてある。この部分に述べられていることについての詳細は当書"Structural Functions of Harmony"(『和声の構造的諸機能』邦訳書名『和声法』上田昭訳、音楽之友社版を参照されたい。)

現在の製作技術面におけるあらゆる進歩を見れば、ペンチのような道具は極めて単純な代物のように思えるかも知れない。しかし、私はペンチを発明した精神には常に敬服しているのである。発明者が克服しなければならなかった問題を理解するためには、その物が発明されるより以前の製作技術の状態を思い浮べてみなければならない。二つの曲った腕の交差点を前方の小さい方の部分が後方の大きい方の部分と反対の方角に動くように固定し、こうすることによって、それをしめつける人間の力を針金が切れるほど強める、という思いつき——このような思いつきは一人天才のみが着想し得たものである。確かに今日ではもっと複雑な改良された道具がある。ペンチのような道具類の使用は余計なことになる時代がやってくるかも知れない。しかし道具そのものはすたれていくかも知れないがその背後にある**考え方**《アイディア》は決してすたれないのである。ここにこそ**表現法**《スタイル》と**考え方**《アイディア》の本当の違いが存在するのだ。

《アイディアは断じてすたれるものではない！》

今日、非常に多くの作曲家が表現法《スタイル》のことは非常に気にするくせに楽想《アイディア》についてはとんと無頓着なのには困ったものである。このようなことが行なわれているから旧然たるマンネリズムにおちいった表現法を用いて、そうすることで表現できる極く僅かなこと、このような楽曲形態から生み出される無意味さ、にとどまったまま作曲してみよう、というような考え方が生じたのである。

才能の限界ならいたし方のないことだが、それ以外の制約に屈してペンを曲げる、などということはもってのほかである。どんなバイオリニストでも自分より程度の低い鑑賞者の好みに合せて、たとえときどきであるにせよ、誤ったイントネイションをつけて演奏するようなことはないだろう。大衆受けをねらったり、慰みのため違った方向に歩く綱渡り師などはいない。よいかっこうを見せようとして見物人の思惑通りに駒を動かして勝負に負けるような専門棋士などはいない。数学特有の思考方法を持たない大衆にただおもねるだけのために数学において何か新しいことを発明しようとする数学者など皆無だろう。同じように、その思考が最高の領域で生じる、いかなる音楽家も、哲学者も、詩人も、画家も、〝みんなのための芸術〟といったようなスローガンに応えようとして俗悪に堕するようなことはないだろう。何故なら、もしそれが芸術であるなら、それはみんなのためのものではない。そして、もしそれがみんなのためのものであるならば、それは芸術ではないのである。

もっとも歎かわしいことは、傲慢にも自分の富みを大衆にいくらかでもくれてやろうとして、その高みから降りてくるふりをしたがる芸術家のしぐさである。これは偽善である。オッフェンバッハ、J・シュトラウス、ガーシュインなどはその感覚が「街の平均的人間」のフィーリングと実際に一致していた。彼等にとっては庶民の感情を庶民の語法で表現することは決して見せかけではなかったのである。彼等の場合には自然なのである。

真に思考のために頭脳を用いる人間にとってはただ一つの欲望、即ち、自分の仕事を解決したい、という欲望しかない。このような人間にとっては外界の諸条件の影響を自分の思考の結果に及ぼさせる、ということは不可能である。好むと好まざるとにかかわらず2×2は4なのである。自分はただ自己のテーマのためにのみ思考するのだ。芸術は芸術自身のためにのみ創造され得るのである。一つのアイディアが生まれる、するとそれは型に入れられ、公式化され、展開され、発展され、やり抜かれて、その最後の最後まで追跡されなければならないのだ。
"*l'art pour l'art*"
「芸術はただ芸術のためにのみ存在する」のである。

（原題 New Music, Outmoded Music, Style and Idea）

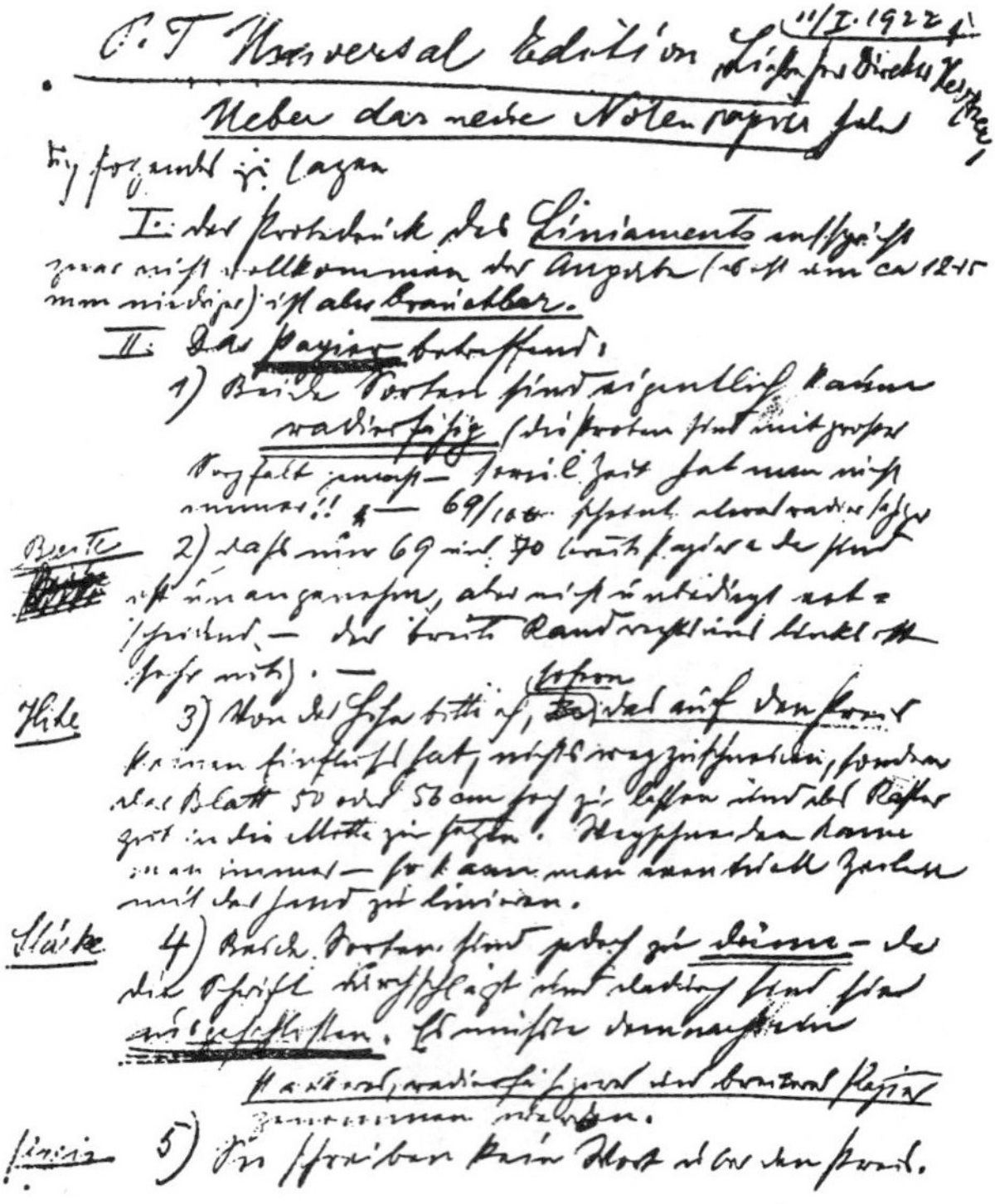
Universal Edition
11/I.1922
Ueber das neue Notenpapier habe
I. Liniaments
brauchbar.
II. Das Papier betreffend:
Breite
Höhe
Stärke
1) Beide Sorten
69/100
2) dass nur 69 und 70
3)
das Blatt 50 oder 56 cm
4) Beide Sorten sind
5)

シェーンベルクの手紙

革新主義者ブラームス

I

ブラームスは無愛想な人だったと言われている。これは「知られざるブラームス」（原注・R・H・シャウフラーは、その著『知られざるブラームス』において、ブラームスの姿を誤り伝えている）というわけではなく、実際に彼はそうだったのである。ウィーンにおけるブラームスが、口先きの上手な大袈裟な言辞、ねっとりとしたお世辞、慇懃無礼な押しつけなどに対して堅苦しい態度をとることによって、自分の周囲に防壁をはりめぐらせていたことはよく知られていることであった。このような煩わしく退屈な男どもや、是非とも格好の逸話を摑もうとはやる事件屋や個人の生活にまで立ち入りたがるような連中が、堅苦しさ以外の何ものにもありつくことができなかったことはよく知られている。このような連中の雄弁の堰が切れて、洪水があわや彼を呑み込みそうにでもなると、もはや無愛想ぐらいでは間に合わなくなったブラームスは無作法に訴えざるを得なかった。そうはいうものの、ブラームスからこのような目に合わせられた連中は、我が身にふりかかった災難を「ブラームス式無調法」と命名することによって暗黙裡に許していたのであった。そして、各々他の連中にふりかかった不幸にはほくそ笑みながらも、自分の受けた扱いだけは不当だった、と思い込んでいたのかも知れない。

無愛想にしろ無作法にしろ、このような方法をとることによって尊厳ぶろうというのがブラームスの本意でなかった、ということだけは確かである。

彼の同時代人達は、あらゆる方法を見つけ出しては彼を悩ませた。或る音楽ファンは、自分の理解力、音楽に対する優れた批判力、ブラームスの音楽の〝いくつか〟に対する自分の知識のほど、などをひけらかしたいと思ったのであろうか、ブラームスに向って、「先生の『第一ピアノソナタ』はベートーベンの『ハンマークラヴィアー』に非常に近いものがあるのに気づきました」と思い切って言ってみたものだ。これに対しブラームスは歯に衣を着せず、ずけずけと "Das bemerkt ja schon jeder Esel" ――「阿呆どもはどいつもこいつも皆それに気がつくよ」――と答えたという。

或る人がブラームスを訪ねた時、「先生は現在の最大の音楽家の中のお一人です」と言ったのはお世辞のつもりだった。ブラームスは「……の中の一人」という言葉がどんなに嫌いだったことか。「……の中の一人」という言葉の意味するところは、「あなた以上の方が少々と、あなたと同じご程度の方が数人いますよ」ということだ、とがわからない者がいようか。

しかし、ブラームスがもっとも煩わしく思ったのは、「私は革新主義者であり、刷新を行なう人としてのワーグナーと、そしてまた、芸術院会員にして古典主義者としての先生を尊敬しております」と言ったという、ベルリンからやって来たというある作曲家のような訪問者であった。ブラームスがこのような連中に対して、どんな種類の無愛想や無作法をもって接したかは知らないが、このようなたぐいのお世辞に対するブラームスの敬意の表し方について、ウィーンでは〝一つ話〟にされている話があるのを私は知っている。

ともかく、このようなことは、結局、時代の趨勢だった。ワーグナーが大嫌いな連中がブラームスべったりになることもあれば、その逆のこともあったのである。ブラームスもワーグナーも両方とも大嫌いだ、という人も大勢いた。恐らく、このような人たちだけが唯一の超党派的な人たちだったのだろう。

ワーグナーとブラームスの間に横たわるまったく対照的な特徴を無視して、この二人の作曲家の持つ美を両方とも愛することのできた人は極く少数であった。

一八八三年には超えることのできない深淵のように思えていたことも、一八九七年になるともう問題ではなくなってしまった［一八八三年はワーグナーの没年、一八九七年はブラームスの没年］。マーラー、R・シュトラウス、レーガーなど、多くの当時の大家たちがこれら二人の巨匠の影響を受けて成長してきたからである。このような後進たちは、一様に前時代の精神上、感情上、表現様式上、技術上の諸成果を反映した。以前においては論議の的になっていたことも、いまでは二つの個性の相違、二つの表現様式の違い、というところにまで縮まってしまっていて、一つの作品の中に両者の資質をこめることを妨げるほど相容れないものではなくなっていた。

音楽において形式がはたす役割は、たとえば基本動機、といった中心楽想を覚え易くすることによって音楽をわかり易くすることにある。むらのなさ、規則正しさ、均整、細分化、反復、統一性、リズムおよび和声の関連性、論理性——こういった諸要素は美を生み出すものでもないし、また美に貢献するものでもないのである。しかし、こういった諸要素のすべては、楽想の表現を人にわかり易くするしくみには貢献をはたすものである。

楽想を音で表現する場合の語法は、言語で思想や感情を表現する場合における語法とパラレルである。楽想表現のための語法にあっては、まず相手の知性に適したヴォキャブラリーを選ぶ必要がある。音楽語法におけるたとえば、反復、細分化等々といった、先に述べた諸要素のはたす役割は、詩や散文において、韻、リズム、韻律、連、文、文節、章などがはたしている機能と同じである。

このような構成要素が潜在的に持っている固有の力を、多かれ少なかれ完全に利用しつくすかどうかが、その楽曲様式の美的価値と大衆性とのかかわりあいの深さを決定する決

譜例 1

め手となるのである。科学においてはあらゆる事実を調査しなければならないのに対し、芸術においては特質的事実の提示だけで十分である。アントニオでさえ、ローマ市民に演説する時、「……そして、ブルータスは高潔の士であります」という言葉を、このコントラストが素朴な市民の心に滲み通るようにするためには、何度も何度もくり返さなければならない、と感じたのである（訳注・シェイクスピア作『ジュリアス・シーザー』でアントニオがブルータスを非難する演説を行なった際、この台詞をはさんでいった。演説が終りに近づくにつれて台詞のもつ皮肉なコントラストの働きはますます顕著になった）。

民間童謡《マザーグース》における反復は、もちろん、別のレベルで考えられるべきであり、ポピュラー・ミュージックの楽曲構成もまた同じである。引用したJ・シュトラウスの『青く美しいドナウ』〈譜例

譜例　2

1〉には、このような曲とは異なった点で非常に美しい、極くわずかの変形を伴った多くの反復が用いられている。
　この部分には六回にわたる反復がみられるが、ほとんど全てがIとVの和音の交替に基礎を置いている。
　次にあげるヴェルディーの『トロヴァトーレ』よりの引用部［譜例2］は、和声の点ではシュトラウスの例よりもより豊かであるが、決してより高級であるとは言えない。
　いやしくも芸術家や作家なら、自分の作風を聴衆の理解力についてあわせていこう、などという気使いをする必要はない。芸術家たる者は、素直かつ正確に物事を考える、という態度を持していさえすれば他のことはあまり考える必要はない。芸術家は自己の内にあるばねを感じる。つまり、自己表現欲に支配されている自分を感じるのである。それは、ちょうど時計が今日のことか、今月のことか、今年のことか、今世紀のことか、そのようなことにはお構いなく、毎日二十四時間を指し示し続けるのと同じである。自分の行動欲に対するその芸術家の反応は、ちょうど油のよくまわっている機械のように自動的なのである。

原子という言葉すら知らないような相手をつかまえて、核分裂について論じたいと思う者は誰もない。正規のトレイニングを受けた人に向って民間童謡《マザーグース》的な語法で語りかけたり、ハリウッド雀が「抒情的」と呼んでいるようなスタイルで語りかけたりはできないものだ。音楽芸術の分野においては、作者は自分の聴衆を尊重する。たとえ初めての作品であっても、一度聴けばわかるようなことを何度も何度もくり返すのは聴衆に対して失礼に当るのではないかと心配する。もし、初めてのものではなく古くさいたわごとの場合には、なお一層のことである。チェスの専門棋士なら、図形を一目見れば勝負の様子は一目瞭然に違いない。化学者は二、三の徴候を見ただけで、もう自分の知りたいことを全て知り得てしまう。だが、数学の公式においては、遠い過去、いま現にあるこの現在、およびいちばん遥かな未来が結合される。

自分の好きなものを聴くのは楽しいことであり、そのことを莫迦にする必要はない。その美しさを細部にわたってもっとよく理解し、もっと実感してみたいという無意識の願望が働くからである。ところが、機敏でよく訓練された人は、より遥か彼方の問題、自分がすでに理解している単純な問題のより遥か彼方の結果を語ってもらいたい、と要求する。機敏でよく訓練された人は幼稚な言葉に耳を借すことを拒み、簡潔直截な言葉で語ってもらいたい、と要求するのだ。

II

音楽における進歩は、表現方法の発達によってもたらされる。古典主義者であり、芸術院会員であるブラームスは、音楽語法の領域における偉大な改革者でもあった。彼は偉大な進歩主義者であった、ということを証明することが、このエッセイのねらいである。

若い頃からのワーグナー崇拝者の齢をとった連中か、あるいは生まれながらの老いぼれたワーグナー崇拝者であるかの別なく、「老ワーグナー崇拝者」にとっては、このことはいろいろ物議をかもす種であるかも知れない。私と同世代に生まれた筋金入りのワグネリアンが存在する。いや、それどころか、私より十年も若い筋金入りのワーグナー崇拝者もいるのだ。音楽の進歩をおしすすめるパイオニアであると同時に、純粋芸術という錦の御旗の番人でもある彼等は、古典的作曲家で芸術院会員でもあるブラームスを軽視する資格が已れにあると考えたのである。

マーラーとR・シュトラウスはこのような考えを明確にした嚆矢であった。彼等は進歩的なものと同時に伝統的なものの中で、即ち、ワーグナーの芸術哲学と共にブラームスの芸術哲学の中で教育されたからである。マーラーおよびR・シュトラウスの例は、ブラームスの中には奇怪な幻想とまではいかないとしても向うみずの勇気があったし、同じようにワーグナーの中には衒学的とは言わぬが組織的な秩序が存在した、という事実をわれわれに示してくれた。一九三三年のブラームス生誕百年記念日はワーグナーの五十年忌に当っている、といった日月の奇妙な一致は、二人の間の、ある神秘的な関係を暗示してはいないだろうか。私はいま、このエッセイをブラームスの五十年忌を偲んで書いている。

神秘は一つの事実を隠しはするものの、そのヴェールを剝ぐことに好奇心を向けさせるものである。

III

次に示す『弦楽四重奏曲　第一番　ハ短調』（作品五一の一）よりの引用は、刷新者ブラームスが和声の点において如何に優れていたかを如実に示している［譜例3］。（和音や和声を表記する和声記号にはいろいろな方式がある。シェーンベルクの方式を知るには、シェーンベルク『和声法』（前出）六〜七頁を参照するのが最も便利である——訳者）

この部分は、三部形式より成る曲の対比的中間部よりの引用である。ここに引用した部分の和声法は、彼の先輩たちのお手のもののI—VあるいはI—IV—Vの反復を主体とし、時々VIやIIIの和音が、そしてたまにはまたN^6の和音が用いられる、といった和声法に比べると、すでに十分豊かに《エンリッチ》変形されているといえる。

この中間部の和声法は、ワグネリアンのパッセージの和声法に立派に対抗できるものである。ブラームス以後の最も進歩的な作曲家といえども、楽曲開始部においてはトニカ領域

t: IV
sd: I
IV
I
t: V
sd: II
IV
t: I
V
[*]
t: V
[b min]: I
V
V
V
I
V

Beethoven, Sym. Nr.3［ベートーベン『エロイカ』］　　譜例　4

譜例　5

Schubert: In der Ferne［シューベルト『遠き国より』］

から遠く逸脱するようなことは慎重に回避することを考えたものである。この例のように、ロ音上の短調領域のドミナントへの転調と［＊］、そして急にまたあっさりとトニカ領域へまっすぐに戻ってくるような和声法は稀な手法であると言える。ベートーベンの『エロイカ』の第一楽章のコーダの部分において、変ホ音、変ニ音、ハ音、の上に構成された長三和音が続いて出現しているような手法、およびシューベルトの歌曲、『遠き国より』の伴奏部における互いに無関係な、ロ音および変ロ音上の長三和音が続いて出現するやり方もこれと同じ手法であると言える。（〈譜例4〉および〈譜例5〉参照）

　同じような和声進行が行なわれているワーグナーの譜例をアナリーゼするのは

Tristan und Isolde [『トリスタンとイゾルデ』]

譜例 6

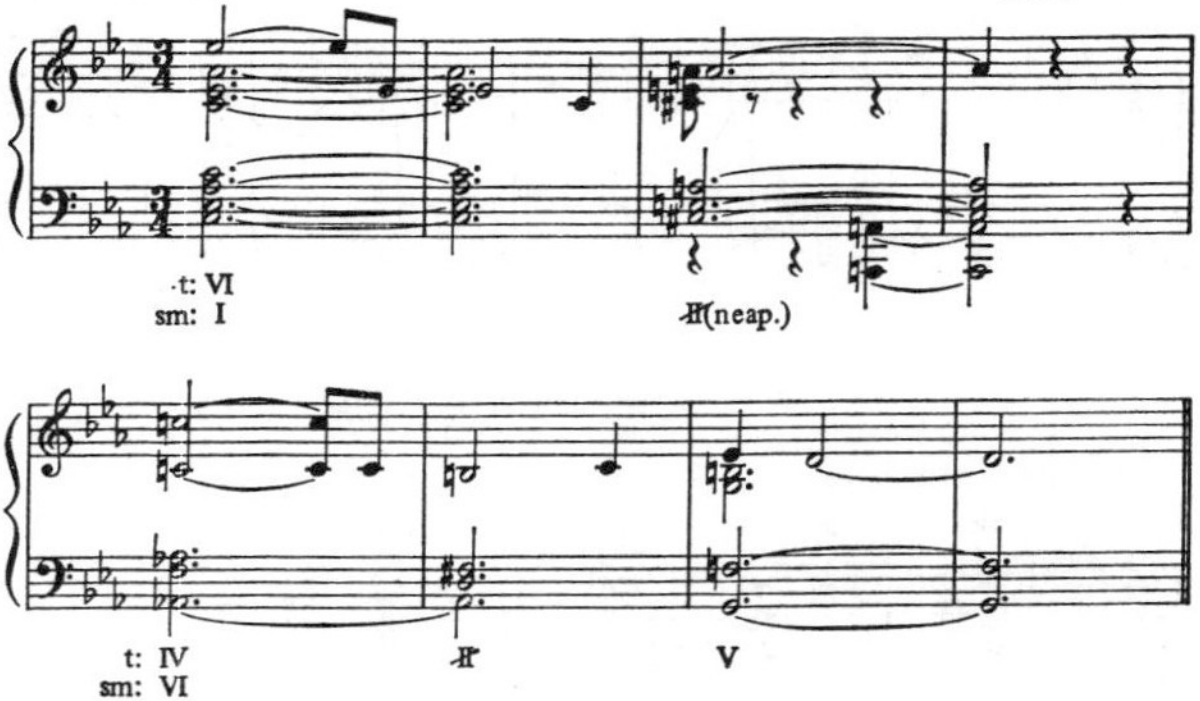

譜例 7

譜例 8

譜例 9

譜例　10

容易でないことが多いのだが、分析してみると期待していたよりは複雑ではないことが判明する、というようなことも多い。

たとえばここに引用する『トリスタンとイゾルデ』中の〈トーデストランク〉の動機は密接な調性との関連性の中に留まっている〈譜例6〉。また"Befehlen liess dem Eigenholde……"とイゾルデがトリスタンに命令する部分の和声を眺めてみると、その原調領域からの逸脱もあまり遠からず、というところである［譜例7］。ところが、第三幕のイングリッシュ・ホルンのソロの部分は先にあげたブラームスの例の結尾部と同じく、全く転調は見られない［譜例8］。これらは、本質的には半音階な下降三和音（descending triad）というべきものであり、大部分が転回型で用いられる。こ

の和音の取扱いはナポリの六の和音に似ている。ここに古典派の作品からこの和音の用法を引用しよう。〈譜例10〉A、B、C）

一つの基になる調性から他の調性へ拡大していく場合の関係範囲については、仮りにブラームスとワーグナーの間に、これといった決定的な相違はないとしても、借用和音の使用法や和声の徘徊浮遊性といった点において、また不協和音の使用のしかた、特に不協和音を予備なしで用いる手法に関してはワーグナーの和声法はブラームスのそれに比べてはるかに豊かである。一方、ワーグナー版のアリアの代表ともいうべき単節歌曲形式においては、その和声法はブラームスの同様の楽曲における和声法に比べむしろ拡がりは少なく、和声の浮遊性もより緩やかである。たとえばワーグナーの “Winterstürme wichen dem Wonnemond” や “Als zullendes Kind, zcg ich dich auf” や『ラインの娘たち』の歌をブラームスの歌曲 “Meine Liebe ist grün” や作品一一一のト長調弦楽四重奏曲の第三小節目に極めて浮遊的な和声法で始まる主要主題、あるいは明確な調性感の確立を殆んど回避する、といった手法が用いられている『ラプソディー』（作品七九の二）における和声法と比べてみるがよい。

Ⅳ

三部形式、ロンド、あるいはその他、主要主題が循環する形式がドラマティックな音楽に用いられるのは、ほんの折りおりのエピソードとして、あるいは動きが止まるか少なくとも、その速度を緩めるかする抒情的な休止点においてに限られている。つまり、このような部分においては、作曲家は形式概念通りに進行することもできれば、アクションの進行という圧力を受けたり、自分の題材の特質からはみ出している小さなムードや出来事に強いられることなく反復や展開ができるのである。

ドラマティックな音楽はその転調的性格が、交響曲、ソナタ、その他の循環的形式の転調的展開部に似ている。ワーグナーの〝ライトモティーフ〟の中には、転調衝動を内蔵した発芽中の和声がいくつか含まれているのが常である。しかし、ライトモティーフにはいま一つの役目がある。それは楽曲統一という役目である。ライトモティーフにこのような二つの役割を持たせていることは、ワーグナーの天才の中にある形式を尊重する面を立証しているものと言える。

ワーグナー以前のオペラのレシタティーヴもやはり転調的だった。ところが、このようなレシタティーヴは主題的ないしは動機的要求からして統一感がないわけではないが、十分な組織化はなされていなかった。〝ライトモティーフ〟を用いる、という手法は、一つのオペラ全体の、更には一つの四部作全体の題材を統一しよう、という崇高な目的を持ったものである。遠大な構成は最高級の美的評価を受けるに値する。ところが、仮りに構成上の先見の明がブラームスの場合、形式的といわれるなら、それではこのワーグナーの構

譜例　11

譜例　12

譜例　13

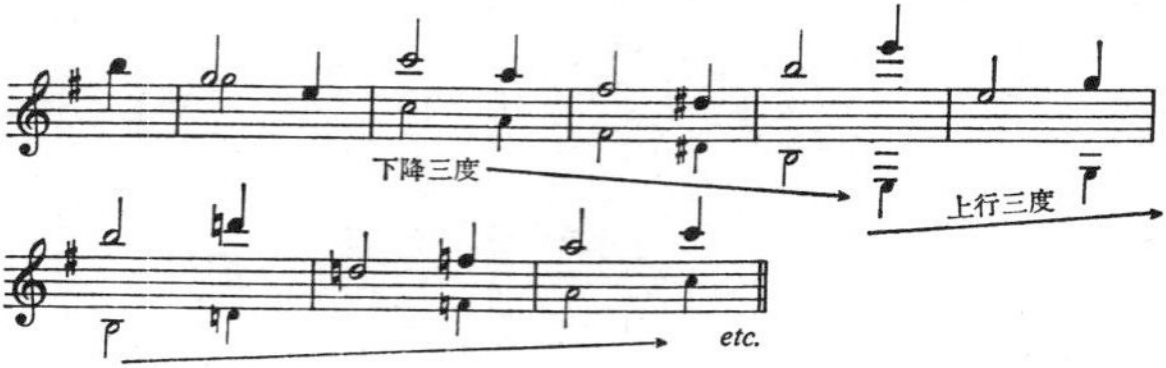

譜例　14

譜例　15

成もまた形式的だ、ということになる。何故なら、それは同一の精神状態、即ち、ある作品全体をたった一瞬の創造的瞬間において着想し、それに準じて行動するような精神状態から生じているからである。

ブラームスは、第四交響曲の最終楽章の終結部近くで、〈譜例11〉のような三度音程の連続による旋律を書いている。この旋律を完全五度上に移すと〈譜例12〉のようになる。彼は〈譜例11〉に示した部分において変奏技法を用いているのであるが、こうすることによって第四楽章パッサカリアの主題と第一楽章の主題の関連づけを試みているのである。最初の八つの音が第一楽章の第一主題に用いられている音に全く等しいことに注目せよ（〈譜例13〉参照）。

そしてパッサカリアの主題の前半は三度音程による下降音型と〈譜例14〉のように結合される。

才能、美、力量などと同じく幸運もまた天からのさずかりものである、ということを人々は概して承知してはいない。それは只で与えられるものではない。与えられるにふさわしい者のみが幸運を授かる資格があるのである。懐疑的な人々はこれを単なる「幸運な偶然」として軽んじるかも知れない。そのような人は好運とインスピレイションの両方について誤った評価をしているのであり、両者がかちとり得るものを想像できないのである。

ここに引例したブラームスの手法〈譜例15〉A、B、C）のようなことの全てがインスピレイションによる作曲に先立って考案されたとすれば、それは単なる知的な体操のように思えるかも知れない。しかしながら、インスピレイションの力と、誰も予見できないような動機的組み合せはどのようにして生み出されるのか、ということを知っている人なら、ワーグナーのライトモティーフの使用が多くの場合、自然発生的なインスピレイションの賜であるということもまた十分にわかっているのである。ジークフリートのことが心に浮ぶたびごとに、彼の心の目と耳は動機が描いてみせる通りに見たり聞いたりしたものである。

V

およそ四十年ほど前、私の音楽思考および楽想形成に方向や規制を与えはじめた或る主義は、その後の私の自己批判において決定的な役割を果したわけであるが、それを最初に規定したのは私自身である、と私は秘かに考えている。

私は楽想と楽想を結びつけたいと願う。集合体の中における一つの楽想の目的や意義が何であろうとも、またその機能が、導入、確立、発展変奏、準備、発展、展開、逸脱、細分化、結び、のいずれであろうとも、またその楽想が基本的なものであっても、あるいはまた副次的なものであっても、またその楽想がたとえ目の前の目的、あるいは意義、あるいは機能には役立たないとしても、楽想はその場所を占めるべくして占めている、というのでなければならない。そして構造上、楽想の内容からいって、あたかもこの楽想がそこに存在して構成上の役割をはたしているのだ、とは見えないような自然な存在でなければいけない。言いかえるなら、推移部、展開の行なわれている部分、コデッタ等々はそれ自体が目的であると考えてはいけない、ということである。このような部分がもしも楽想を展開したり、強調したり、緩和したり、明確にしたり、説明を助けたり、色をつけたり、といった働きをしないようなら、それらは一切引っこんでいるべきなのである。

私はたとえば展開とか強調とかいったこれらの機能が不要である、などと言っているのでは決してない。如何なるスペースといえども単なる形式上の目的のために割くようなことがあってはならない、と言っているのである。これらのセグメントやセクションが構造上の機能をはたすためには単なるがらくたであってはならない、と言っているのである。

私は決して古典音楽の批判をしているのではない。何故なら他の人なら無視してしまいそうな私の個人的な芸術観を披瀝しているにすぎないのだから。しかしながら、ブラームスもその例であるが、進歩は作曲家を刺激して大人向きの作品を書かせるようにしむけるのではないか、と私は考える。成熟した人は複雑に物事を考える。そして、彼等の知性が高度であればあるほど彼等が精通しているユニットの数も多くなるものである。いわゆる「まじめな音楽」とは、その内容には合わない、いまは廃れてしまった冗慢なスタイルで書くこと、即ち一度で十分なところを三回から七回も反復するといった手法を用いること、であるとは決して考えられないのである。先の時代に楽想の展開を行なうに先立って少しずつ基本楽想を発展変奏させていく、といった手法がよく用いられていたが、これをコンデンスした形で語ることが可能でない筈はない。

ある人達は音楽の「滅びゆくロマンティシズム」について口にする。このような人達は、楽曲を創作したり、音を使って演奏する、ということがリアリスティックなことであると本当に信じているのであろうか。あるいはロマンティシズムは愚にもつかない冗慢さに道を譲らなければならない、ということなのであろうか?

VI

バッハからブラームスに至る音楽構成における発展のさまを完全に把握するためには、対位法的な楽曲構成様式が放棄されて単旋律的楽曲構成様式の美学が形成された時期まで遡ってみる必要がある。この美学に応えて濫作されてきた作品を、一方ではJ・S・バッハの作品と、また一方ではハイドン、モーツアルト、ベートーベン、シューベルトなどの作品と比べてみる時、J・S・バッハを排除しようとして非情な宣伝が行なわれなければならなかった理由もよくわかるし、また、このような貧弱な土壌からモーツアルト、ベートーベン等々といったあれほどにまですばらしい成果が結実したことに一驚せざるを得ないのである。

カイザー、テレマン、マテソン達の指導のもとに作曲家連中は**大芸術**は捨てておいて、つとめて軽い、骨の折れない音楽を書くようになったし、みんなに親しまれるような〝何かありげな〟主題を作るように気をくばり、フランス人のように肩のこらない書き方をすることを求められたのだった。マテソンにとっては、対位法とは感情に訴える力のない、単なる精神の運動の一つにすぎなかったのである。このような例はこれまでにもしばしばあったことなのではあるが――バッハがほとんど世間一般には知られることがなかったのに対し、マテソンをはじめ、これらの人達は生前高くもてはやされたのであった。しかし、料理人が手本通りに料理をこしらえるのにも似て、このような助言に従って作曲した連中がインスピレイションを受けていたかどうか、あるいは彼等の音楽が生き残ったかどうか、われわれは疑ってかからなければいけない。このような音楽の動きは自然の発達ではなかったのだ。それは進化ではなく、人為的な革命にすぎなかったのである。人間が表現することのできるのはただ自分が内部に所有しているものだけである。表現様式を変えてみても自分を他人より豊かにすることはできないものである。こういう次第で、これらの音楽家達は、滅び朽ち果てた問題を研究テーマとしている音楽学者のお蔭でやっと今日にその名を残しているにすぎないのである。

モーツアルトおよびベートーベンが、これら先輩作曲家の何人かを大いに讃嘆しながら眺めていた、ということが知られている。にもかかわらず、さいわいなことに、これらの巨匠達はその感情の応用自在性、創意、力量のお蔭で、大衆におもねる美学という足枷から逃れることができたのである。

VII

古典音楽の構成を調べてみると、その規則正しさ、均整、和声の単純さ、などの点でポピュラー音楽や舞踊音楽との関係が明らかになる、というのは本当である。楽曲が同じ長さのフレーズより構成されている場合、なかんずくフレーズにおける小節の数が2×2、2×4、2×8、といった構造になっている場合、および二つの長さの等しいセグメントへの細分化によって、ある種の均整が加わっているような場合には、前半を知ってしまえば後半を推量することが可能であるので、構成が楽曲の覚え易さを助ける働きをするところが大きい。しかし、規則正しさや均整から逸脱することが必ずしも楽曲の分かり易さを危くすることになるとは限らない。ハイドンやモーツアルトの作品に見られる楽式において、何故ベートーベンにおけるより頻繁に変則性が存在するのか、と不審に思う人もいるかも知れない。それは、本来なら感情表現力に対して集中するはずの聴き手の注意を、洗練された形式に対して向けさせてしまったからなのであろうか？〈譜例10〉Bに示したベートーベンの例にみるようなケースはそれほど多く存在する訳ではない。

楽曲を構成しているフレーズの長さがまちまちの不揃いであることが、ハイドンやモーツァルトの音楽にみられる変則性の原因である。異なった長さのフレーズが生じるのは、フレーズ内部のあるセグメントが拡大されたり、反復されたり圧縮されたり省略されたり、といったことによるものである。ハイドンやモーツァルトのメヌエットを調べてみると、このようなケースが実に多く見受けられる。このようなことを考えてみると、メヌエットは舞踊曲から成立してきたのではなく、むしろリート的な楽式であるなどと考えたくもなってくる。

〈譜例16〉はハイドンの『ピアノソナタ　ニ長調』よりの引用である。この部分は二つの二小節より成るセグメントより構成されている。即ち（2+3）+（2+3）というのがこの部分のセグメント構成である。

〈譜例17〉はモーツァルトの『弦楽四重奏曲　変ロ長調』（作品一七二）よりの引用である。この部分のセグメント構成は、先のハイドンの例よりももっと複雑である。譜例に示したように（3+1）+（1+3）というのがこの部分のセグメント構成であるが、最後のユニットは2+1と分割して考えるのが恐らく正しいのだろう。

ここに引用したこの曲の主題は、いうまでもなく八小節といういわば正規の小節数より

譜例　16

譜例　17

成っており、いま述べたような変則性は表面だけをなでていたのではわからない、いわば皮下に潜った姿で存在している、と言える。

先に引用したハイドンの例にあっては、まだ均整が存在していたのに対し、モーツアルトの例にあっては全く非均整的である。このことは楽曲をわかり易いものとするためのもっとも有効な手段を放棄する、ということを意味している。しかし、そうかといってこの曲を「音楽的散文」と呼んで良いか、というとそれはそうではない。このような変則性は、むしろ**バロックな**形式感覚、即ち、異質ではないまでも不同な諸要素を形式上の一つのユニットの中に伴有したい、という願望によるもの、とみたいのである。このような仮説には根拠がないわけではないが、そのような根拠のほかに芸術的かつ心理学的な説明がもう一つありそうである。

まず第一に、モーツアルトはドラマティックな作曲家である、とみなすべきである。

有形的にであれ、あるいは心理学的にであれ、音楽をムードと行動のあらゆる変化に適応させていくことはオペラ作曲家がマスターしなければならない最も基本的な課題である。このような能力のない作曲家にかかれば、曲は支離滅裂におちいるか、もっと悪い場合には退屈なものになってしまうかも知れない。レシタティーヴは動機、和声等を形成していく上に課せられた義務とその結果を回避することができるので、このような危機を免れることができる。アリオーソは引き受けることになったかも知れない責任の最少限を迅速かつ無情に一掃してしまう。ところが〝フィナーレ〟や〝アンサンブル〟や〝アリア〟となると、**抒情的凝縮技法**を適応することができないような異質の要素が含まれている。このようなタイプの音楽作品にあっては、作曲家は最少のスペースの中で処理を行なわなければならない。モーツアルトは、このような必要性を予期して、こういったタイプの作品を、種々ばらばらの長さと性格を持ったフレーズより成る旋律でもって開始し、それぞれはアクションとムードの別々の相に属させるというやり方を採用した。フレーズは最初の形成段階においては連結も厳格でなく、ただフレーズが並置されているだけ、といったケースも多く見受けられる。従って、このようなフレーズはばらばらに分解されて小さなセグメントを形成する動機素材として独立的に用いられることも可能になるのである。

このような手法の一例として『フィガロの結婚』第二幕フィナーレ（No.15）をあげることができる。このフィナーレの第三セクション、アレグロはスザンナの〝Guardate, guardate qui ascoso sarà〟という台詞を受けて〈譜例18〉A、B、Cのフレーズより成る変ロ長調の主題で開始されている。そして後に〈譜例18〉DおよびEに示した部分がこれに加わる。

このアレグロの部分は百六十小節から成っており、驚くほど多くのセグメントを含んでいる。そして、そのセグメントはほとんど全てと言ってよいくらい、もっぱら〈譜例18〉に示したフレーズを絶えず順序を変えて変奏していくことによって構成されているのであ

譜例　18

る。

アンサンブルにはこのような構成が用いられているものが多い。同じく『フィガロの結婚』よりの三重唱 "Cosa Sento!"（No.7）や六重唱 "Riconosci in questo amplesso"（No.18）などはその好例であると言える。二重唱には、それほどルーズではない形式《フォーミュレイション》化が必要である、と人は考えるかも知れない。しかし、その二重唱さえ目に立つ特徴の中にほとんど外面的関係が現われていないようなセグメントより成っている、ということが多いのである。幕開きの最初に歌われる二重唱（No.1 "Cinque dieci, Susanna, Figaro."）において、登場人物のムードとアクションがどのように綿密な描かれ方をしているかは驚くべきである。フィガロとスザンナの二人は自分だけの関心事に余念がない。フィガロは将来住むはずのアパートの部屋の壁を一心に測っている。一方、スザンナの方は出来上ったばかりの帽子を頭に当てては自分の姿に一人で悦に入っている。二人とも相手のしていることには全く関心を向けないのである。フィガロは物指を拡げ〈譜例19〉a、そして物指を伸ばして測り「五《チンクエ》！」と目盛りを教える。〈譜例19〉b——シンコペートされたバスの動きの表現に注意のこと。——かたわらスザンナは自分のみなりにフィガロの注意を惹きつけようとするが無駄である……。ワーグナーやR・シュトラウスでもなかなかこうはうまく登場人物を画くことはできないのである。

異なった形態の異なった要素に基礎を置く構成はやがてきたるべき姿を証明する。オペ

譜例 19

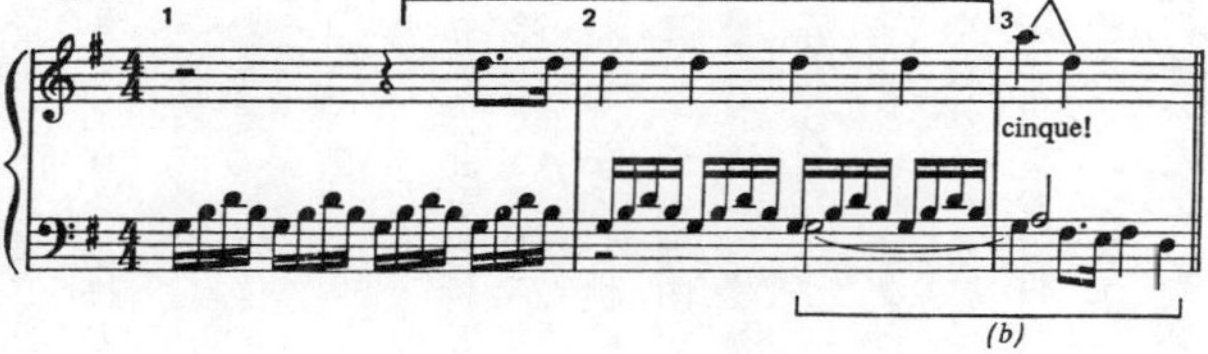

譜例 20

ラ、オラトリオ――シュヴァイツァーがバッハの音楽を言葉に合せて分析しているように――、さらには歌曲作曲家も、はるかに遠い必然性にも備えておかないとメトロノームのような――つまり、ダンス音楽のような――やり方で古典音楽を演奏しようとするような衒学的演奏者のような愚かしい行為をおかすことになってしまう。もちろん、プロクラスティーズの寝台的な融通のきかない束縛にあってはどんなに工夫してみてもぴったり合うわけはないし、いわんや作曲家が要求する*rit.* や *accel.* すら決して満足に満たされ得ないのである。シューマンが指定した "*immer schneller werdend*" という指示を考えてみるがよい。

賢明な演奏家、心の底から「その作品の僕」たろうと決心している人、音楽思想家に匹敵するような精神のしなやかさをそなえている人――このような人はモーツアルトやシューベルトなどのような行き方をするものである。このような作曲家は変則性を体系化し、それをその構成上の一構成原理とすることだろう。

VIII

私の作品を分析してみると、私がどれだけ多くをモーツアルトに負っているかがわかるに違いない。私が下手な冗談にモーツアルトに似ているなどといっているのだろうなどと疑わしげな目で眺めていた人も、何故私が「モーツアルトの弟子」だなどと自称したか、いまこそその理由がわかったに違いない。私がモーツアルトの弟子だ、などと自称していた理由がわかったからとて私の音楽を鑑賞する上の助けにはなるまいが、モーツアルトを理解する上の助けにはなろう。そしてそのことは作曲を志す青年たちにとって巨匠たちから学びとらねばならない本質とは何か、ということを、そして個性を失わずにこれらの教訓を取り入れるにはどうすればよいのか、といったことを知る上の参考になることだろう。

モーツアルト自身はイタリアおよびフランスの作曲家たちから学んだのであった。彼は、おそらくエマヌエル・バッハからも学んだことだろう。にもかかわらず、モーツアルトが先に述べたような楽曲構成法を生み出していったのは、彼自身の音楽的思索によってなのであった。

先に行なったいくつかの楽曲分析から、変則的かつ不均整な構成はドラマティックな作曲法を行なった場合に起ってくる必然的かつ絶対的な結果なのである、といった考え方が示唆されてきたかも知れない。しかしながら、もしもこのことが本当なのならワーグナーの音楽の中にはこのようなことはもっと多く存在する筈ではないだろうか。ところが、ワーグナーは初期には同時代のイタリアの作曲家の影響を強く受けていたので、二小節単位の構成を捨てるようなことはめったにしないで、音楽による散文といった面をおおいに推しすすめたのであった。つまり、彼は、異なった道においてではあったが、ブラームスがやはり求めようと努力していた目標に向って努力したのであった。ブラームスとワーグナーの相違は彼等の同時代人が考えていたようなものではなかった。この二人の間の相違は、ニーチェならいかにも言いそうなディオニソス的芸術とアポロ的芸術の違い、といったことではなかった。いわんやそれは一方が想像の陶酔裡に創り出したグラスを他方が酩酊裡に粉々にしてしまう、といったような単純な違いではないのだ。このようなことは伝記作家や音楽史学者の想像裡においてのみ起ることなのである。ディオニソス的であれ、アポロ的であれ、芸術家のファンタジーの陶酔は彼のヴィジョンの純粋さを増進させるのである。

偉大な芸術は正確と簡潔の方向を目ざして進む筈である。それは、その複雑性固有の連想のすべてと共に、概念を一つ残らずたった一回の思索行為の中に含めることができるような教養ある聴き手の機敏な心を前提としてのことである。こうすることによって音楽家は高級な人々を対象として書くことが可能になり、文法、イデオムの要求を満たすだけでなく、その他の点においても文章ごとに金言、諺、格言などを完全に駆使することができるようになる。これこそ音楽による散文のあるべき姿と言える。つまり、つぎはぎ細工を一切抜きにして単なる埋草的な空虚な反復を避け、楽想を直接かつ直截に提示することができるのである。

密度の高いテクスチュアーは楽曲をポピュラーなものにする上に確かに障害になるに違いない。さりとて冗慢さだけを頼りに一般受けを得たい、と願うのは無理な話である。真の意味における人気、即ち永続的な人気は、基本的な人間感情の領域内に真剣にとどまっている人に対して表現の力が授けられた、といった稀なケースにおいてのみ得られるものである。このような例はシューベルトとヴェルディーにもいくつか存在するが、ヨハン・シュトラウスには数多くの例がある。モーツアルトでさえ『魔笛』において彼が音楽によって描写しなければならなかったいくぶん通俗的な人物たちのお蔭で、彼独自の極めて洗練された芸術的な表現様式を一時放棄したとき、それは完全に成功であったとはいえなかった。つまり、このオペラにおける通俗的な部分は決して真剣な部分と同じような成功を得ることはなかったのである。モーツアルトの本領はザラストロと聖僧の側にあったから

譜例　21

Vl.I
1st
Vl.II
2nd
Vla.
3rd
Vcl.
4th
5th
6th
7th
8th
9th
10th
11th
Vla.
12th
Vcl.
13th
14th
15th
16th
17th
etc.

である。

モーツアルトからワーグナーに至る時代には、不規則構造による主題はあまり多くはない。しかし、ここに示すモーツアルトの『弦楽四重奏曲　ニ短調』（作品一七三）における第一主題の終りの部分から第二主題へと移っていく推移部は、確かに**音楽による散文**と呼ぶにふさわしいものである［譜例21］。

たとえ、第一主題の締めくくりを行なっている最初の四つの小フレーズと転調の仕上げをしている模倣（14th および17th で示した部分）は無視するとしても、八小節以内においてキャラクターやサイズが変化していく九つの小さなフレーズが存在する。これらのうち最小のものはわずか三つの八分音符より成っている（5th 6th 7th で示した部分）、そしてこれらの小さなフレーズはその下に言葉を添えたい誘惑にかられそうなほど表現に満ちている。これらのフレーズの語るところを言葉に変える詩的な能力を持ち合わさないのが悔まれるところである。しかしながら、もしも韻文や抒情詩だったら、そのリズム上の無比の自由さおよび形式上の均整からの完全な独立という点で散文的である、という独性をそれに残しておくところだろう。

IX

不均整、異なった長さのフレーズの組合せ、多くの、八、四、さらには二でさえも割り切れない小節――即ち小節の数における不同性、およびその他の変則性が、早くもブラームスのもっとも初期の作品に現れている。『弦楽六重奏曲　第一番　変ロ長調』（作品一八）の第一主題は九小節より成っている［譜例22］。（※印の部分の第一バイオリンがこの主題の反復をはじめているアウフ　タクトを考え合せると、この部分は十小節より成っているとも考えられる）

この部分の小節構成は、従って次のように分析するべきである。

3＋2＋2＋1＝10或いは1＋2＋2＋2＋2＋1＝10

第二主題はaおよびbで示した二つの動機型を連結し、まず最初二つの二小節フレーズを樹立した後、三小節フレーズを一つと二小節フレーズを一つ続けて計九小節を作り上げる、といったしくみからできている［譜例23］。

同じくブラームスの『弦楽六重奏曲　第二番　ト長調』（作品三六）のスケルツォは十七小節より成る主題で始まっているが、第十七小節目においては次のフレーズが主題にオーバーラップしながら開始されている［譜例24］。

リズム　シフトが二回にわたって行なわれている（※印で示した部分）が、もっとも興味深いのは第二フレーズの終りの部分の曖昧さである。第九小節目がこのフレーズに属するのかどうかははなはだ不明確である。

このような変則性はモーツアルトの例にみるような巧妙さにはかなわないが、それでも

譜例 22

譜例 23

譜例 24

やはり音楽思潮の形式的制約からの解放を目ざす発展過程の一歩進んだ局面を提示していると言える。何故なら、それはドラマティックな音楽の場合のように、表示の必要から生じたものでもなければ、あるいはまたバロックな感覚から生じたものでもないからである。ブラームスの歌曲にはいま述べてきた以外の不均衡な構成も存在する。恐らく部分的には、その歌曲のもとになっている詩のリズム上の特殊性がその原因となっているものと考えられる。歌曲の旋律はなんとかして詩の韻脚の数を反映しなければいけない、というのがブラームスの美学規範であったことは有名なことである。従って、詩に仮りに三つ、四つ、五つといった韻脚があるとするとその旋律の方も同数の小節か、同数の半小節から成っていなければならないのである。例をあげれば、H・ハイネの "Meefahrt" の前半は三韻脚という詩の韻律のために三小節フレーズから成っている［譜例25］。

"Mein Liebchen wir sassen beisammen treulich im leichten Kahn" "Feldeinsamkeit" は五韻脚の韻文がもとになっている。従って、最初の相対的な二つのフレーズは五つの半小節の長さによる五小節となるのではないか、と予想されるかも知れないのだが、第一フレーズは二小節にコンデンスされ、第二フレーズはそれに三小節が加わってこの韻文の韻律が反映された曲にまとめあげられていく［譜例26］。

"Am Sonntag Morgen zierlich angetan" には五つの韻脚があるが、旋律の方は三小節の長さ、即ち六つの半小節フレーズから成り立っている［譜例27］。それはフレーズ間の休

Meerfahrt

譜例 25

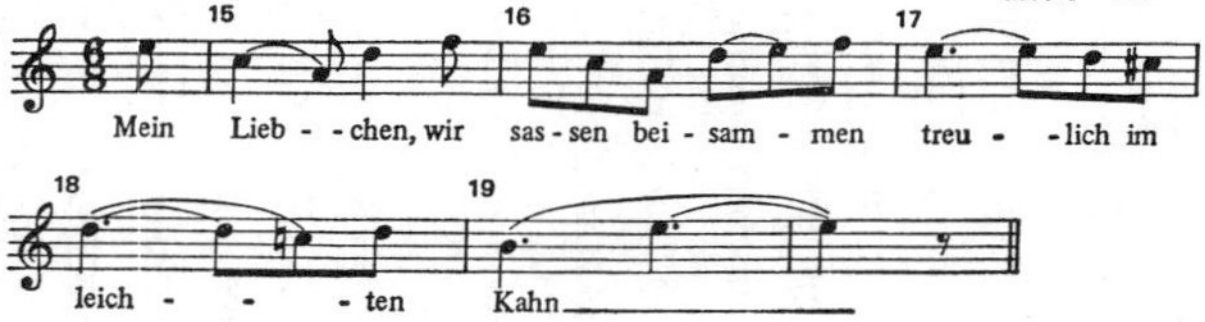

Feldeinsamkeit

譜例 26

Am Sonntag Morgen

譜例 27

止を延ばした結果そうなったのであって、この部分を一箇の十六分休符一つだけにしておくことも、しようと思えばできたのである。

Geuss níchts so láut der líebenflammten Líeder
Tónréichen Scháll
Vom Blútenást des Ápfelbáums herníeder
Ó Náchtigáll

この詩には5＋3＋5＋3という興味深い韻律がある。さらに二行目ごとの強調格の韻律にも目を向ける必要がある。二小節目の符点二分音符は第一フレーズを六つというよりはむしろ七つの半小節に引き延ばしている。第二行目はもしも比例的に取扱われるなら、約四つの半小節から成らねばならない筈であるが、実際には二分休符をも含めて五つの半小節から成り立っている［譜例28］。

これらの変則性はその詩の韻律が要求する以上である。その他の多くの譜例でも、フレーズの長さは韻脚の長さとは異なっている。たとえば〈譜例29〉を見てみると、最初の二行における2×3の韻脚は、実際それらに割り当てられている十七の半小節のかわりに七〜八の半小節のスペースの方がぴったり合うのではないだろうか。

同様に四韻脚の規則正しいリズムを持った詩“An den Mond”には、三小節構成は不必要である［譜例30］。

An die Nachtigall

譜例　28

譜例　29

An den Mond

譜例　30

譜例 31

譜例 32

譜例 33

譜例 34

譜例 35

“Beim Abschied” には四韻脚の何行かがあるが、そのフレーズは五小節を占めるほどに拡げられている［譜例31］。

四つの韻脚から成る “Mädchenlied” にとっても、変則的なフレーズ構成は不必要である［譜例32］。本来なら八小節におさめようとすればできたものを、それぞれ十および十二小節に引き延ばしているのは、第六小節の挿入、第八および第九小節における引き延ばし、二つの一小節フレーズの追加などが原因である。

“Immer leiser wird mein Schlummer” における変則性は、いくぶん、その詩の韻律の変化によって惹き起されている［譜例33、34］。

ところがこのフレーズを煮つめてみようとすると——

すぐ、これらのフレーズを分割したり引き延ばしたりしている短いピアノ間奏は、実はその時のムードに暗示されているのだ、ということが例証されるのである。このような厳格でない楽曲構成は、この部分の後に続く部分において出現する、フレージングのより豊かな自由を準備することになる。〈譜例35〉に引用した “Verrat” において拡大が行なわれたのは、同じような先見の明のなせる業かも知れない。第五小節目および第十小節目は詩の韻律上からは全く必要ではない。第五小節目も第十小節目もピアノの間奏なのだから。詩の後半の部分においては、次にあげるような韻律からの逸脱が生じている。この部分が正規の数による構成からの逸脱が起っている部分である。フレーズの長さはまちまちである。

作曲家にとってもっとも重要な能力とは、自分の書いた動機や主題のもっとも遠い将来までを一瞥できる力のことである。作曲家は自分の題材の中に存在する諸問題から生じる結果をあらかじめ承知しておき、それに応じて適宜、すべてを組織していくことができなければならない。作曲家がこれを意識的に行なうか、あるいは潜在意識的に行なうかは二義的な問題である。

従って、後に不規則が生じるのを予感して楽曲開始早々に作曲家が単純な規則性から逸脱していくにあたって見せる天才の芸当に驚いてはいけない。構造上の原理をもしも不用意に突然変更すれば、楽曲構成上のバランスはくずれてしまうに違いないのである。

X

天才の先見の明の遠大さを例証する試みをさらに続けたいと思う。〈譜例36〉に示したベートーベンの『弦楽四重奏曲 第十一番 へ短調』(作品九五)《セリオーソ》においては、変ニ→ハ→ニ、といった音が第一小節目に出現している。〈譜例36〉aおよびb〈譜例36〉cにおいては、これがニ→ハ→変ニというように逆行され、そして七度上に移される。

〈譜例37〉を〈譜例36〉d、e、f、gと比較してみると、第七〜九小節における上声部

譜例　36

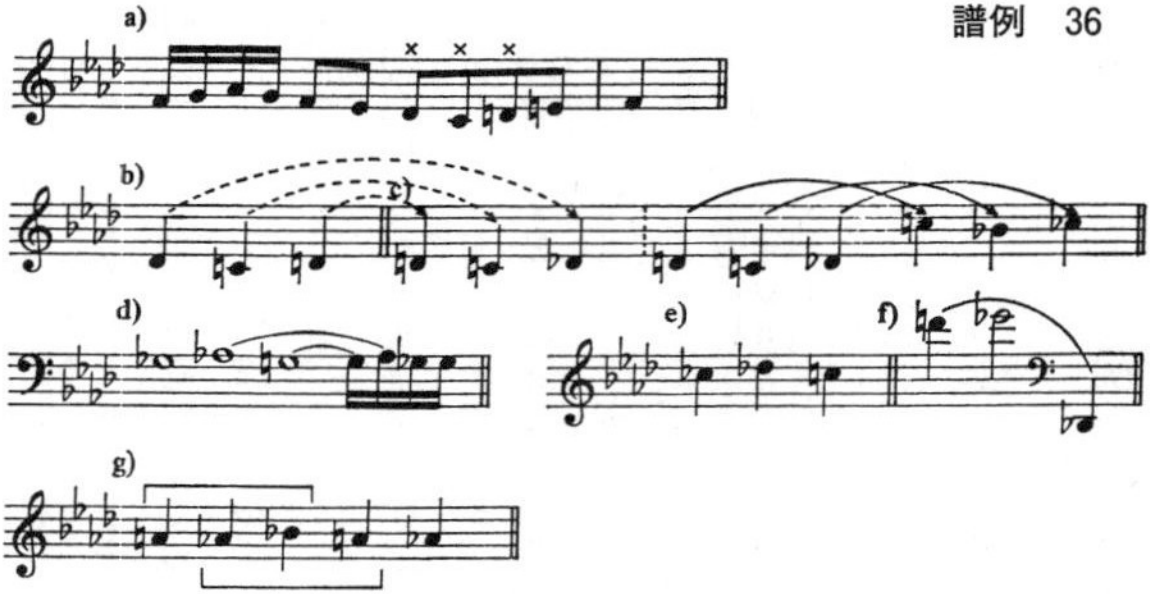
a)
b)
c)
d)
e)
f)
g)

譜例　37

譜例 36 e
6
7
8
9
A
譜例 36 d
36
B
譜例 36 d
etc.
39
40
41
42
C
譜例 36 g
譜例 36 f
譜例 36 g

および低声部の晦渋な手法の起源が明らかになると同時に、第三十六小節における不思議な音型がどのように基本楽想と関係づけられているかも立証できるのである。

さらには、第三十八〜四十三および第四十九〜五十四小節におけるいっそう晦渋なセグメントと第一主題との関係が啓示されることになる。そのままの型での進行であれ、あるいは逆行的な進行であれ、同じ音の連らなりが次の楽章やその次の楽章においても数回にわたって起るのである。しかし、このことがこの楽曲の構成上の基本的な特徴であるとか、あるいはこのことがこの楽曲の構造に大きな影響を与えたのだという風に言ってしまうのは無遠慮なことである。何故なら、これらの機能は単なる一つのコネクティヴのそれにすぎないだろうからである。それが他の主題中に再現したり再生したりするのは、やはり潜在意識的にである、と私は思うのである。何故なら、作曲家の心は自分の楽想のあらゆる細部に支配されて、その結果が無意識的かつ唐突な現われ方をするものであるからである。言うまでもないことであるが、自分自身および自分の楽式感について信念を持っている巨匠にしてはじめて、自分の想像力の命じるところに従って意識的なコントロールを否定できるのである。

XI

ワーグナー以後の作曲家の作品中には不均整な楽曲構成を行なっている作例が実に多い。

譜例　38

Bruckner Sym. Nr.7［ブルックナー『交響曲第七番』］

譜例　39

Mahler, Sym. Nr.2［マーラー『交響曲第二番』］

譜例　40

譜例　41

譜例　42

譜例　43

譜例　44

譜例　45

二小節フレーズあるいは四小節フレーズを樹立したい、という自然的要求は依然として存在するとはいえ、二の倍数以外の構成によるフレーズを形成しよう、という試みがいろいろと行なわれるようになってくる。一例をあげれば、ブルックナーの『交響曲　第七番　ホ長調』の第一主題は、3+2という構造の五小節からなるセグメント一つと三小節からなるセグメント一つを持っている［譜例38］。三小節のユニットは二小節ユニットの拡大したものと考えても、あるいは四小節ユニットの凝縮したものと考えても、どちらでもよい。何故なら、いずれに考えても自然なのだから。

　マーラーの『交響曲　第二番』《復活》の第一主題の不均整さは一小節ユニットが不規則的に出現することが原因である［譜例39］。

　マーラーの『交響曲　第六番　イ短調』《復活》のスケルツォ楽章の第二主題の変則性は3/8、4/8等の拍子が目まぐるしく入り乱れることによって惹き起されているにすぎない。しかし、それぞれのユニット自体もまた異なった長さであり、はじめの二つのユニットはそれぞれ七個の八分音符から成り、第三番目のユニットは十個の八分音符から成っている。譜例の引用は行なわないが、これに続く部分においてはこのような不規則性はさらに一層すすんだものとなり、数を数えるのもやっかいなほどになっていくのである。〈譜例40〉

マーラーの『大地の歌』の最終楽章〝Abschied〟より引用した次の旋律は、この時代の他の作家の作品の旋律と比べてみてもはるかに異例である。すべてのユニットは、まるで旋律における動機的な部分ではなく、言葉であり、各々がセンテンス中に独自の目的を持ってでもいるかのように、形、大きさ、内容が著しく違っている。〈譜例41〉

R・シュトラウスの『家庭交響曲』の主要主題は不可分な五小節からなるユニットできており、第五小節目に出現するオーボエによる新しいフレーズとオーバーラップして終っていく。〈譜例42〉

同じ作品より、次に引用したいま一つの主題は二小節と一小節の二つのユニットより成っている。〈譜例43〉

レーガーの『バイオリン協奏曲 イ長調』より引用した次の例は分割不可能な五小節よりなるフレーズが冒頭におかれ、それに続く四小節がセンテンスのこの部分を完結する。〈譜例44〉

私の作品『ピエロ リュネール』（作品二一）の「セレナーデ」より引用した次のチェ

ロ独奏の為の旋律は、一小節ユニットと二小節ユニットを不規則に変化させることによって作り上げられている。〈譜例45〉

XII

ハイドン、モーツアルト、ブラームスなどの作例においては、いままでに見てきた如く、あるものはたとえばバロックな形式感覚を満足させたい気持、ある場合には句読点によってフレーズ同士をより決定的に分離したい気持、あるいはオペラにおける劇的性格描写を助けたい、といった気持、あるいは歌曲において原詩の韻律上の特異性に音楽を合わせたい、といった希望、といったような特定の目的によって生じたと考えられている。しかし、ワーグナー以後の作曲家達が行なってきた変則性に対する説明としては、これらの理由はいずれも不満足であると言わざるを得ない。ワーグナー以後の作曲家達の行なってきた単純な構成からの逸脱は、もはや技術的な条件だけから生じたものでもなければ外見的な楽式を整えるためでもなかったのは明らかである。彼等によって行なわれた単純な形式からの逸脱は、おそらくその後は一つ一つの作品における優れた点として登録されるようなことはなく、楽曲構造全部のシンタクスと文法の中に組み入れられたのである。不幸なことにいまだに多くの無知な作曲家が2+2, 4+4等々といったきまりきった形式にたよって曲を書こうとしているのである。

XIII

芸術家が最高の業績を目ざすに際して、意識的にそれを行なうかあるいは無意識的に行なうか――つまり、前もって考えておいた計画に従ってそれを行なうか、一つの形態から次の形態へと盲滅法につき進むことによってそれを達成しようとするかは問題ではない。神は一人の思想家に異例の能力を有する頭脳を授けたのであろうか。あるいは神は黙って自らの折りおりの思索の断片によって彼を援けたのであろうか。我が神は極めて優れたチェス・プレーヤーでいらっしゃる。神は常に何十億もの手を前もって考えておかれるからである。そして、そのことが神を理解することの極めて困難な所以なのである。しかし神は御自身の選民をその精神的問題で助けることを好まれるようである――もっとも、選民たちをより物質的な問題で助ける、ということについては不足ではあるが。

さて、楽曲構成要素の不均整性および不同性は現代音楽における奇蹟などでは断じてないし、また、このことが一つの価値を構成するわけでもありはしない。現代の作曲家は長さ、形態、には関係のないフレーズを連結し、ただ和声の進行、リズム、動機の内容、流暢さ、ロジックにのみおこたりなく注意をはらっている。ところが、その他の点においては、もし時間があるように思えば、気楽に、無頓着に、そしてまたもし時間が切迫していると思えば、精確に、要心深く観光客のようなやり方で道を選ぶのである。ただ自分のゴールを見失うことの決してないように、と願うのみである。

現代作品の価値は従来のとは違った別の形式上の見事さから成り立っている、とも言える。その見事さとは楽想の多様性と多数性、楽想が発芽状態であるユニットから発達し成長していくさま、楽想同士の対称のしかた、楽想同士の補足のし合いかた、などのことであるとも言えるし、またロマンティックであると非ロマンティックであるとを問わず、あるいは主観的であると客観的であるとを問わず楽想の感情的な資質、ムードとキャラクターの表現法であるとも言える。

現代の作曲技法は、現在までのところ言語に匹敵するような構成上の自由さには到達していない。明らかなことは、等価性と均整は従前の技法におけるよりもより小さい役割を果しているということである。詩におけるソネットやスタンザの構造上の厳格さや六歩格や五歩格の厳格さにも似た厳格さへの熱望はまれになっている。奇妙なケースではあるが、主題の原形態をほとんどとどめないような変奏曲を書く作曲家さえいるのである。厳格とは反対の楽想の自由な発展をねらうのに、何故、変奏曲といった厳格な楽式を用いるのだろう。このようなことはコントラバスにバイオリン用のE線を取りつけるようにおかしなことではないだろうか。ほかの点における圧倒的な価値に免じて、人のこのようなくいちがいを喜んで無視する。しかし、正しい、そして総合的判断のための美学的背景は、現在非常にあやしいものになってきている。

XIV

ブラームスの作品から『弦楽四重奏曲　イ短調』（作品五一の二）のアンダンテ楽章の第一主題および『四つの厳粛な歌』（作品一二一）より第三曲『死よ、苦痛な死よ』の二つをとりあげて検討することによってこの論文を閉じたいと思う。

この二つの作品の主題は、動機の発展法、楽曲内部の構成、といった点において、おそらくはユニークな芸術性の適例ともいうべきものである。まず《作品五一の二》のアンダンテ楽章より検討しよう。〈譜例46〉

分析してみるとわかるように、イ長調で書かれたこの部分は、すべて[ａに示した最初の動機型が基礎になっていることがわかる。即ち、

[ｂは ａの転回型であり、

[ｃは ａ＋ｂ、

[ｄは ｃの一部分、

[ｅは ｂ＋ｂであり、二度音程と完全四度音程から成っている。

[ｆは ｅから抽出した完全四度音程である。

第一フレーズ[ｃはこのように[ａ＋[ｂから成っているが、第一フレーズと第二フレーズを結びつけるべく機能しているｄをも含んでいる。（※の部分）

譜例 46

第二フレーズはeとdから成っている。上拍である八分音符のホ音と、嬰ハおよびロの二つの音を除いてみると第二フレーズは第一フレーズを二度高く移置したものである。第三フレーズにはeが二度出現している。二度目には二度下での反復が行なわれている。第四フレーズはcを変形移置したものである。

fによって第四フレーズと連結されている第五フレーズは第四フレーズを変奏展開したものであるかのように見えるかも知れないが、実はそうではなく、単にcが含まれているというだけのことにすぎない。

第六フレーズはe、d、bから成っており、第五フレーズと嬰ロ音によって半音階的に結ばれている。この音はこのaの部分の第二番目の音でもあり得る。この音はこの主題全体の中で用いられた音の中で出所を云々し得る唯一の音である。

疑い深い人は、そうは言っても、どの主題にでも、意味を持った主題の構成素材としてではない形で、二度の順次進行や音階の断片が存在する、といったことはあるではないか、と言うかも知れない。楽曲の構成原理、方法は莫大に存在するのだが、そのうちですでに究められたものは極く少しにすぎないのである。いま述べた私の分析に反対の人もいるかも知れない。次にもう一例、今度はブラームスの、三度音程を取扱いながら同じような秘術をつくしている、といった例をあげてみよう［譜例47］。

これは三度音程が構成単位となっている、という点において彼の第四交響曲の第一楽章

第5フレーズ
第6フレーズ
c+
c+
c+
c+
Mensch, ge-denket ein Mensch, der gu - te_ Ta-ge und ge-nug hat und oh - ne_ Sor - ge_ le - bet
7
8
9
p
f

第7フレーズ
und dem es wohl_geht in al - len___ Din - gen und noch wohl es - sen mag!
e
10
11
12
etc.
etc.

譜例　47［ブラームス『四つの厳粛な歌』より第３曲『死よ、苦痛な死よ』］

譜例 48

の第一主題に似ている。

第一フレーズは[aで示したように、ロ〜ト、ト〜ホ、ホ〜ハの三つの三度音程より成っている。

第二フレーズは[b及び[cで示したように[aの転回音型から成っている。ハ音は経過音である。

第三フレーズは第二フレーズのゼクエンツである。三度下に行なわれていることが特徴的である。

第四フレーズにおいては、主声部は小規模なカノン的模倣をしながら伴奏部を追っているのであるが、ここでは三度の転回である六度音程が中心になっている。⊗……⊗印で示した間に存在する三度音程にも注意する必要がある。

第五および第六フレーズおよび第七フレーズの一部はⓕで示したように、ト↓ロ↓ニ↓嬰への各音上に構成されている。これらの上行する三度音程は第一フレーズの下降三度音程の連続と対称する。そして、第八および第九小節におけるピアノの左手の部分には三度音程の連続がみられるが、※※で示したように最初の二つの音には音の交換がみられる。第十小節においては左手が三度音程の環による音型を奏する。主声部は経過音を含んではいるが、三度音程がやはり構成の中心になっている。カデンツの前のクライマックス的集中の行なわれているこの部分には三度音程がふんだんに出現している。〈譜例48〉Aには三度音程の転回である六度音程がみられる。〈譜例48〉Bにはこれにもとづく模倣がみられる。

創意、論理、経済観念がこのように豊かな自然の流暢さを持った旋律を生むのであるが、音楽に楽しさ以上のものを期待する音楽愛好家はみな、このような創意や論理を尊敬することを知っている。私はブラームスより前の時代の作曲家でこのような複雑にして創意に富んだ曲を書いた例を一つ、即座に思い出す。それはいうまでもなくモーツアルトの作品なのだ。〈譜例50〉に示した『ピアノ四重奏曲　ト短調』(K. V. 四七八)よりの引用譜を分析してみるがよい。〈譜例46〉のイ短調弦楽四重奏曲を思い出してみよう。第一フレーズは第二小節の第一拍目で終っている。第二フレーズのリズム変形の芸術的価値を完全に理解するにはブラームスの先輩の大家達すら〈譜例49〉のような譜面を書いたかも知れ

譜例　49

譜例　50

ない。このような場合、ブラームスなら〈譜例50〉のように書くのではないだろうか。

だが、もし仮りにこのようなことをしたとなると、はじめのフレーズにおいてすべて第一拍目にアクセントがおかれ、拍子の小節にぴったりおさまった最終フレーズのアクセントが自然なものとなっているかどうか疑わしいのである。しかも、このような書き方をすると、主題は七小節構成となり、構造上の不同性がいっそう目立ってくる。〈譜例46〉のブラームスの原作においては、いま見てきたような皮下に潜んでいる美は八小節以内に収まるよう、うまく調整されている。八小節が美学上の原則であるとするなら、自由奔放な楽想がうまく収められているのがこの八小節であると言える。

〈譜例51〉に引用したモーツアルトの『弦楽四重奏曲　第四番　ハ長調』（K. V. 一五七）のメヌエットは一つの謎である。これは演奏者にとって謎であ

譜例 51

るばかりでなく、音楽の文法、文章論、言語学のいずれの立場からみてもそうである。
この部分は韻律の位置の複雑な三つの小さなセグメントまたはフレーズから成っている。第一小節目の第三拍目の、第一フレーズの開始される音には*sf*の記号が付されており、普通の第二拍目におけるよりは強いアクセントが要求されている。第二小節目の第一拍目には*P*という指定がある。もし、このことを「アクセントの抹殺」であるとみなすなら、〈譜例51〉DおよびEに示したような拍子の変更が行なわれたものと考えてもよいかも知れない。ところが、第二小節目においては第四拍目にも*sf*記号が付されておりその次の拍、即ち第三小節目第一拍においても、アクセントは抹殺されるか、少なくとも軽減されているのである。このようなことを考えると、フレーズは譜面の上部に[で示したような区分になっているのではなく、譜面の下部の[で示したように第二フレーズは第二小節の第四拍目から始まっている、と考えてよいのではないだろうか。また、第二小節目の第三拍目（嬰ヘ音）にアクセント記号を付して強強格をもってくることもまた不可能ではないのである。

このようなことのほかに、この部分が反復された部分〈譜例51〉Bにおいてチェロによって奏されるセグメントにおいては、主声部のそれとは部分的に矛盾する*sf*アクセントが奏せられるのである。この譜例における構造上の複雑さは〈譜例52〉Aに示した『弦楽四重奏曲　ニ短調』（K．V．一七三）におけるポリリズムと同じである。このような譜面は

譜例 52

今日なら〈譜例52〉Bのように書かれるに違いない。

〈譜例51〉Cにおけるモーツアルトのハ長調弦楽四重奏曲のメヌエットからの引例は、このような微妙な問題の検討をはじめるための大義名分をたてる上に役立つかも知れない。

〈譜例52〉Bには、拍子の要求する自然とは相容れないフレージングが存在する。ここには四分音符に換算して五拍が異なった拍で反復される間、伴奏は変らないリズムパターンをくり返している。

ベートーベンはリズムにおける偉大な刷新者であった。たとえば『ピアノ協奏曲　第五番　変ホ長調』（作品七三）の最終楽章や『弦楽四重奏曲　第

六番　変ロ長調』（作品一八の六）のメヌエットを思い出してみるがよい。ところが、先にも述べたように、ベートーベンの場合、構成はむしろどちらかと言えば単純である。彼の場合、表現の明晰性が感情の重い荷のバランスをとっているのはよいとしても、モーツアルトにみられるような不同性と不均整さの放棄はやはり大きな損失であったと言わなければならない。構成的な美しさのよび起す精神的快感が感情的資質から生じる快感と同じようなものとなり得る、という考えは否定することはできない。この意味において、ブラームスがこのような考えをずっと持ち続けていれば、たとえ技法上の考え方においてだけのことにすぎなかったにせよ、彼のメリットは非常に大きなものであったろう、と思うのである。ところが、これが彼の水準の高さなのだが、彼はそれを凌駕したのである。

自分の死の近きを悟った者が心の準備をして、この世のこと、あの世のことを考え合せ、持っていくもの残しておくものを差引き勘定するとすれば、もしその人間が偉人なら自分がいままで身につけてきた知識の一部である言葉を人類の知識の中に組み入れておきたい、と考えるかも知れない。そのような時になって自己の畢生の作品が他の別の作品以上のものを表わしはしないとなると、人生の意義を疑わざるを得ないに違いない。それとも、あの世に足を半分つっこんでいる人間が「まだもっと表現豊かな発想ができる」、とベストを目ざして努力しているのだ、と考えてよいのだろうか。人間には非凡な完璧さを期待する資格があるのだろうか。天与の贈り物というべき熟達は、もっとも勤勉なたゆまぬ努力と訓練をもってしても身につけることは不可能であって、ほんの一度、ただの一回だけ、そのような重大なメッセージが形式化されるべき時においてのみその完全無欠な姿におて現われてくるのである。

ここにいたって、ブラームスの無愛想さという壁が登場してきて、「さあ、もう詩は沢山です。もし何か言いたいのならそんなセンチメンタルな騒ぎ方をしないで簡潔に、そして専門的に話して下さい」といって私を押しとどめそうな気がする。このような命令に従う前にぜひ、私は次のことを言っておきたいと思う。『四つの厳粛な歌』第三曲の『死よ、苦痛な死よ』は、その完璧さが原因ではないにしても、この歌曲集の中でもっとも感動的なもののように思える。この曲は完全無欠さにもかかわらず大層感動的なのである。創造における直観、インスピレイション、自発性は、スピードと結びつくのをおおむねその特徴としている。ところが、「精神が私をとらえて離さないのに貴方の貧弱なバイオリンのことを私が心に留めている、とでも本当に思っているのか」――この言葉こそ、苦心しながら創造を行なうか、あるいは極く気楽に創作をするかのいずれかを問わず、芸術家自身が如何に感じるかを示している。

ブラームスがいわゆる《恩寵の贈り物》とよんでいた楽想を、苦心して考え出すというやり方はよい方法だ、と信じていたことは疑いない。厳しい努力は正規の教育を受けた人にとっては決して拷問ではなく、むしろよろこびであるはずである。ほかの機会でも述べたことだが、このような頭脳的な奇蹟が数学者や将棋の名人の精神にできて音楽家の精神に不可能なはずはないのである。即興演奏の場合にも演奏者はあらかじめ一応のプランを立てながら演奏にのぞむのである。従って、作曲するということは速度を落して即興曲を書くということと同じなのである。あふれ出る楽想の流れにペンがついていけないようなことだってしばしばあるではないか。ところが、名匠は自分のこれから創り上げてやろう、と思うものについて意識することを好むのである。名匠は自分の手の技、心の融通性、繊細なバランス感覚、決して誤ることのない論理性、変化の多様性、そしてもう一つ大切なこと、即ち、楽想の深さ。そして楽想の最も遠い発展の結果までを見透す力を非常に誇りに思っているものである。たしかにこのようなことは深い考えの持主、深遠な楽想の持主にしてはじめて可能なことであって、浅薄な考えや貧困な楽想の持主にはなし得ないことではある。

みんながこぞって「発想法《エクスプレシヨン》」に重きをおいていた時代にあって、ブラームスが美と感情を否定することなく、この時代半世紀にもわたって半ば不毛の状態に放置されていた分野において進歩主義者ぶりを発揮したのだ、ということを理解しなければいけない。彼は相続資産にのみたよって生きていくことは行なわなかった。彼は独自のものを創り出していったのである。ワーグナーは発展変奏の技法を用いるにせよ、あるいはそうではないにせよ、反復の手法を用いることによって楽曲構造の形式化への発展に寄与してきた。何故ならば、このような反復技法の使用を行なうことによって自分がすでにはっきりと心に決めた主題を必要以上に長くいじり廻したり展開したりしなければならない義務から解放され得るからである。このような手法を用いることによって、舞台の上の動きの上から必要が生じたような場合、音楽はすぐに別の主題へと転じていくことが可能になったのであった。

ブラームスは決して劇音楽に手を染めなかった。ウィーンでは彼が「『新ドイツ楽派流に』書く位ならむしろモーツァルト風の書き方をしたい」と語った、という噂が流れたほどである。もちろん、こうは言ってもブラームスが創造しようとしていたのはモーツァルト流のものなどではなくて、ブラームス流そのものであったろうことは確かである。ブラームスはワーグナー以前のオペラにおいて行なわれていたようなやり方でテクストのセンテンス全体を、あるいは一つ一つの言葉をも反復したにせよ、劇的表現に対する時代感覚を完全に無視することはできなかったのである。だからこそ主人公が〝ダ　カポ　アリア〟を歌っている間に死亡し、死んだ後にダ　カポされた音楽がまた最初の部分をくり返す、といったような作品を決して書こうとはしなかったのである。しかし一方、劇音楽における要求が進歩性に富んだブラームスの和声法をも乗り越えてすすんでいったことに思いをいたす時、劇音楽のはたした啓蒙性は無視し得ないのである。

ブラームスがリブレットが自分の好みや、表現できると考えている感情に、ぴったりしていると考えることができたかどうかは疑問である。ブラームスは多才多能な人であった。

彼の音楽にはワーグナーやヴェルディーのような激しい劇的なほどの感情の爆発は見られないにせよ、その他ならあらゆる種類の表現が存在するのである。ベートーベンのフィデリオ（それは構造上明らかに交響曲的であるが）に思いをいたすがよい。第二幕幕切れの"O namenlose Freude!"（おお、口に尽せぬ歓びよ！）のすさまじい感情の爆発を想起し、これを第三幕の更に大きい部分をなす厳密に交響曲的なスタイルと比較してみるなら、神が彼をしっかりつかまえた時、天才にできるのは何なのかが感銘と共に理解できるはずである。『四つの厳粛な歌』第三曲『死よ、苦痛な死よ』における動機の取扱いの顕著な論理性についてはすでに検討した。ここで再び詳細な分析検討を行なうのは余計であろう。二、三の付言をすることが、いままで行なってきたブラームス研究の例証として役立つと思う。まず引用譜のフレージングの美しさに注目するべきである。十二小節中に存在する二分音符三十六箇分の時価が各々のフレーズにどのように配分されているかに目を向けてみるがよい。また、第三フレーズから次へ向うリズムの動き、第六および第七小節におけるカノンによる動きに評価の目を向ける人もいるかも知れない。

歌曲、室内楽、交響曲作家としてのブラームスの本領は、叙事詩的抒情詩といったところにあると考えるべきであろう。もし彼がドラマティストであったのなら、彼の語法の自由奔放さはこれほど驚くには及ばないに違いない。彼の影響によって、よくバランスがとれてはいるものの拘束のない自由な表現を目ざして楽想を展開させていく音楽語法がさらに発展していった。ところが奇妙なことに、彼によって達成された業績がドラマティックな手法の中に組み入れられていくにつれて、ますます輝きを増してくるといったことが起っているのである。それなら何もワーグナー以前の作曲家達だけがおかしたのではない間に合せ的な手法を今日のオペラ作曲家はあっさりと棄ててしまえばよいのである。最初はほんの伴奏の役割しか受け持っていなかったオーケストラが一つの支配的な要素にまで発展してきたのは、オペラ役者が劇表現に貢献することができるのはドラマの要求するもののほんの一部にしかすぎない、というのが理由であった。いまやオーケストラ パートは、ムード、キャラクター、アクションの表出に大きな役割をはたすだけではなく、テンポを決定し、オーケストラ パート自身の形式上の諸条件によって起ることのすべてを拡大したり、制限したりするのである。このようなオーケストラ優位の結果を理解するには、ワーグナー以前のオペラにみられる頻繁な歌詞の反復を思い起してみるがよい。オーケストラ優位の結果はオーケストラに起原を持つ形式の拡大を目指す傾向と一致することに役立つのである。旋律が歌詞の要求とうまく合わないような場合、オーケストラ パートが歌唱旋律を引き継いで主題的展開を引き受け、歌唱旋律はその和音のドミナントにとどまって待っている、といった手法が用いられるようになる。もっと現代に近い作品においては、オーケストラは歌手の要求にはほとんど関心を払わず、さらにこのようなことは超現代的な素人の擬進歩的手法というべきであるが、舞台、言語、人声の表現し得るものを全く無視して、時にはそれを妨害さえしながら、あたかもオペラではなく交響作品であるかのようなやり方でオーケストラが表面に出てくるような場合に、このようなやり方がよく用いられる。

ブラームスによって行なわれた音楽語法上における貢献を拘束のない語法にあてはめてみることによって、オペラ作曲家は韻律上の困難性を克服することができるようになるに違いない。旋律やその他の楽曲構成要素の創造においては、作詩法にも韻律にも、あるいは反復の可能性の欠如にも依存することはないだろう。単に形式上の必要だけから行なわれるような拡大は一つだってなくなり、ムードとキャラクターの変化が楽曲の構成を危くするようなことはなくなるに違いない。歌手は歌うだけでなく、聞いてもらう機会をも与えられることだろう。たった一音だけを朗唱する必要はなくなって、興味ある旋律を与えられるようになるだろう。一言にして言えば、ただアクションを分からせるために言葉を発音している人ではなくなって歌う楽器となることができるだろう。

もしいま述べることが希望的見解でないとするなら――何らかの進歩がすでにこの方向においてなされている。即ち、何らかの進歩が進歩主義者ブラームスに端を発した拘束のない音楽語法を目指して行なわれているようである。

（原題 Brahms the Progressive）

シェーンベルクのカノン

グスタフ・マーラー

多言を費すことをやめ、マーラーこそはもっとも偉大な人間にしてかつもっとも優れた芸術家の一人であると信じて疑わない、と素直に言ってしまうのが最良の方法ではないかと考える。

或る芸術家の偉大さを相手に理解させるには方法は二つしかないのであって、その一つは――この方法がもちろん最良なのだが――その芸術家の作品を上演することであり、もう一つの方法は――私もこの方法によらざるを得ないのだが――書物を通じて読者にその芸術家の偉大さに関して自己の所信を述べる、という方法である。

人間などというものはつまらない代物である！　自己の信念が直接相手に伝わるに違いない、などと信じて疑わないのだから。われわれの崇拝の対象となっているものに対する情熱があまりにも激しいので、われわれに近づく者はすべてわれわれと共に燃え、同じ情熱に灼き尽され、われわれにとっても神聖であるその火を拝まずにはいられないのである。

この火はわれわれが透明になってしまうくらい、われわれの内部であかあかと燃えさかるに違いない。そしてぱっと輝き、その時まで暗闇の中を歩いていた人さえをも照し出すのである。光を放たない使徒は異端を説く者である。神は神聖の後光に拒否された者になど宿りはしない。何故なら使徒はひとりでに輝くのではなく、ある光が肉体を単なる器として利用して宿ったおかげで輝くのだからである。光は肉体を貫きはするが、ありがたいことに肉体が独りでに輝いているように見せかけてくれる。われわれ霊感を受けた者は、人々がこの情熱に共感し、われわれの光が輝いているのを見るようになる、という信念を持たなければいけない。たとえわれわれがそのことについて何も行なわなくとも、人々はわれわれの崇拝する人を大いに尊敬するようになる。

人間などというのはつまらぬ代物である。われわれはともすれば巨視的に物事の全体を信じようとしないで、議論の対象にはなり得ないような物事の末梢を求めようとする。われわれは末梢部分同士の関連において全ての細部を総括して印象づけてくれるような能力をめったに頼りにはしない。われわれは、自然なことは十分理解している、と信じ切っている。ところが、奇蹟は極めて自然であり、自然は極めて奇蹟的なのである。

精しく観察すればするほど、もっとも単純なものさえがますます謎めいてくる。総体を総体としての性質、印象、機能、として理解するだけでは飽き足らず、われわれはアナリーゼを行なう。そして自分がばらばらにしてしまったものを再び元のようにぴったり組み立て直すことができないような場合、全体をわれわれに提示してくれたかの能力を、その精神もろとも不当に扱い、そしてわれわれのもっとも優れた能力ともいうべき印象を総合的に把握する力に対し不信の念をいだくのである。

自分自身を注意深くみつめることのできる人間なら誰でも身近かに体験したことがあるような一つの例をあげてみよう。私はマーラーの第二交響曲をはじめて聴いた時、その曲中の或るパッセージに接して心臓がしめつけられるような興奮をおぼえたものである。しかし、音楽会場を後にした私は、この作品は音楽家としての自分が考えているだけではなく、芸術作品たるためには必ず従わなければならないような諸条件をはたして満たしているだろうか、と分析吟味するのを決して忘れなかった。

そんなわけで、この曲が私を魅了し、無意識の共感に誘い込んだことが、この曲を今までに聴いたことがないような感興に導いたのだ、というもっとも大切な点を忘れてしまったのである。事実、創造する側の心の内部で高潮に達した感情が同じように聴く側の心に移されて荒れ狂わんばかりに高潮する時、一つの芸術作品はもっとも効果をあげ得るのであって、これ以上のことはあり得ないのである。私は圧倒された。徹底的に圧倒されたのである。

知性とは懐疑的なものである。知性は感覚的なものは信用しないが、それにもまして超感覚的なものを信用しない。仮りにわれわれが圧倒されでもすれば、知性は、そのような圧倒的な感情を生みそうな手段はいくらでもある、と主張する。知性は、誰しも人生の悲劇的な事件を目撃すれば、きまってもっとも深い感動を覚えるものだ、ということをわれわれに思い出させたり、誰一人その効果をまぬがれることのできないメロドラマ風の恐怖劇を思い出させたり、高尚だったり低劣だったり、芸術的だったり非芸術的だったり、といった具合にさまざまな手段があるのだ、ということを思い出させたりする。知性は効果間違いなしの写実的で強烈なできごと——たとえば『トスカ』における拷問の場のような——は安っぽすぎるから芸術家は用いるべきではない、とわれわれに語りかける。しかし、知性は、音楽とは常に非現実的なものなのであってこのような写実的な手段は音楽、ことにシンフォニーにおいては決して用いられはしないのだ、ということを忘れてしまっている。音楽の中では実際に不当に殺されたり拷問にかけられたり、といったことは決して起りはしない。つまりそこには——本来、同情を喚起し得るような具体的な事件は何一つ存在しない。ということである。何故なら音楽において登場するのはただ音楽のみ、であるからである。そして、この音楽それ自体が自分自身で語りかける力をもった時——高い音や低い音、速いリズムや遅いリズム、大きな音やソフトな音の交替が存在する限りもっとも非現実的な事象を語る時——その時はじめてわれわれの感動は共感の極地に達するのである。このような〝純粋な衝撃〟を一度感得した人間は、もうこれ以外の印象にまどわされるようなことはないのである。音楽における感情が不純な素材から引き出されることもあり得る、などという論は全くもって不当である。何故なら音楽という方法は非現実的なものであって、現実だけが不純であるからである。

「圧倒された」経験があり、自分自身の芸術的、美的教養の水準の高さを自覚することに自分自身と自分自身の教養を信じている者にとっては、方法が芸術的であるかどうか、といった問題は気にする必要のないことである。そしてまた、「圧倒された」経験のない人間にとっては、この問題はさらに心をわずらわされる事がなくてすむ事柄であるはずである。「圧倒された」ことのない人達にとっては、自分が圧倒されたこともなければ不快な思いもしなかった、というだけで十分なのである。では何のためにこのような大袈裟な言葉がやりとりされているのか？　それは——われわれは自分の判断と自分以外の人達の判断とを、何が何でも一致させたい、と考えるからである。で、あるから、もし仮りにこのことがうまく運ばない時にはわれわれは十分な事実による裏付けでもって自分の立場を有利にしようとする。理解の相違は党派分裂の原因の一部に過ぎないのである。それよりはるかに多いのは、自己を正当化しようとして起る争いである。互いに自己を正当化しようとする争いは、意見の相違を果しなくする。私が「赤だ」と呼んでいる色が、はたして他の人の目に、私の目に映っているのと同じように映っているだろうか、というと、それは不確かなものである。しかしながら、このようなことで議論が交されることなどめったにありはしない。赤とは何で、何が緑なのか、といった疑問は起ってこないのである。ところが、ひとたび〝何故〟これが赤であれが緑なのか、ということを説明しようとすると、きまって意見の対立が起るのである。「〝赤と呼ばれているもの〟が見える」とか「圧倒されたような気がした」とかいった言葉を教養十分、といった人達が安易に口にする。つんぼが音を否認したり、色盲が色に口出しをしたりするようなことはまずあり得ない。自分が圧倒されていないことがはっきりわかっていても、客体の価値はそのこととは何の関係もないのだ、と反省してみる勇気を持たなければいけない。芸術作品はたとえその作品に圧倒される者がいなくても存在するのであって、その作品に対して抱いている自分の感情を説明のつくようにしよう、などと考えるのは余計である。何故なら、このようなことをしてみて表面化してくるのはきまって主体側の諸々のこと——見物人は色盲で、聴衆はつんぼで、愛好家は見当はずれのムードに浸っていて芸術的印象を受け入れるのに不適当であった（その時だけ不適当であったのかも知れないが、ことによったら永久にそうかも知れない）——といったことであり、決して客体側の特徴ではないからである。

ところで、世界にまたとないような善意でもって芸術作品を理解しよう、と試み、或る感銘を受ける、というところまではいくのだが、なおかつ誤った判断に到達してしまう、といったことが生じるのはいったい何故なのであろうか。低俗な、独創性のないメロディー、もっと他にうまい方法がありそうに思えるわかり難い主題の展開、先人達の教えをあざけるような声部進行等々といった人に嫌われそうな楽節があちこちに存在する。いま仮りに、音楽家組合にも入っていて（訳注・欧米の場合、プロの音楽家はほとんど音楽家組合に加入しており、組合員である、ということが専門の音楽家である、と評価される一つの目安になっている）、自分自身で何かをものすることができ（あるいはことによるとできないのかも知れないが！）、しかも、いやしくも実際に何かをするからには、どのようにことを為すべきかを常にきちんとわきまえている音楽家がいたとする。このような人が細かいあら探しをする、というのであれば、それは許されるべきである。何故なら、われわれはみんな最大の巨匠達のあら探しをするのだから。われわれは自分に理解できないものはことごとく誤りであると思い込み、自分を不快にさせるものはことごとくそれを創り出した人が悪いのだ、と考える。だから、われわれは自分に理解できないことに出くわした時、いったん立ち止って自分がその意味を理解しない以上、沈黙、それも丁重な沈黙こそが唯一のふさわしい応答ではなかろうか、と自問してみることをしないのである。そして讃美！限りない讃美もまた同じなのである。

すでに述べてきたように、われわれはつまらぬ存在なのである。われわれは偉大なものをそっくりそのままのものとして眺めることができない、というだけの理由でその枝葉のことに拘泥する——そして、そのような無遠慮な行為の罰として、枝葉においても失敗してしまうのである。われわれは全面的に、さまざまな形で間違っている。人間の悟性が神の為せる業からその業を構成する規準となる法則を抽出しようと試みるとき、いつも結果的には思惟によるわれわれの認識とわれわれの想像力の特徴となっている法則しか発見できないのである。われわれは輪の中を動いているのである。自分の外にある物の精髄を記述しているつもりでも、いつもわれわれが見たり認識したりしているのは自分自身であるか、あるいはせいぜい自分の存在くらいのものである。しかも、これらの法則はせいぜいわれわれの知的能力の法則くらいのものであるのに、われわれは創作者の作品を評価するのにこの法則でもって推し量っているのである。このような法則でわれわれが偉大な芸術作品を判断しているとは！

恐らくは今日ほど芸術家を正しく公平に遇することが困難だったことは今までにあるまい。過大評価や過小評価が芸術という仕事にこれほど必然的な結果となった事も恐らくはいままでにほとんどなかったに違いない。また、誰が真の偉人で、誰がただの当代の著名人にすぎないかを区別するのがこれほど困難であった時代もないのである。無数の人間が制作を続けている。彼等がみんな天才だ、ということはあり得ない。極く一握りの人々が最初のペースを範示すると残りの者はそれを模倣するだけのことである。ところが仮りに、このような多くの模倣者共が生存競争に勝ち残りたいと思うと、いきおい彼等は目下市場で流行しているのは何なのかをいち速く見つけ出さなければならない。出版業者、新聞、雑誌、広告業界、などもこの点に関しては実に気を配っていて、何か新しいものを創り出した人間にはすぐに飛びついてくる。成功は才能ある者のみに許されることであるはずであるのに、今日ではあらゆる分野に蜜蜂のような勤勉さがしゃしゃり出て成功の蜜を吸ってやろうと懸命である。ために、エポックが一人の偉人にではなく群小作家の群によって代表される、という事態が惹起されている。真に偉大な人間はいつの時代においても未来へと逃避せざるを得なかったのではあるが、それにしても現在というものが今日ほど徹底的に凡庸な人間のものとなってしまったことはなかった。凡庸な人間はギャップがどれほど大きくてもそれをうめようともがくものである。彼等は未来に対する要求さえ持ち出してくる始末である。誰だって今日のみのためだけを考えて創作したい、などとは考えはしないのだ。独り天才のみが存在し、未来は天才のためにあるのである。このような中にあって、われわれはどのようにして正しい道を見出せばよいのであろうか。高い標準があまりに広く分布しているので広さに気を取られて高さを失念してしまうような時、どうすれば誰が本当に偉大なのかを区別できるだろう。われわれはアルプスのことは非常によく話題にするのだが、モンブランについてはあまり口にしない。

一般大衆がこのような点で失敗をおかすことはまあ許せよう。何故なら、いわば未来派に属しているような作曲家が書くものよりは遥かに親しみ易い、今日の要求に合った作品を提供してくれる作曲家は大勢いるからである。ベストなどを目ざさずとも〝現代風〟であることは可能なのだから。われわれには非常に広い選択の自由が与えられており、あらゆる種類、あらゆる値段、趣味のよいもの、やぼったいもの、高いもの、安いもの、実にいろいろなものを手にすることが可能である。このような環境の中にあって、いったい誰が無理をするだろうか。或る人が〝モダーン〟であるとする。すると彼は、もうそれだけで十分なのである。結局のところ、いま仮りに或る人物が〝ウルトラ・モダーン〟であったとすると、もう彼はそのことだけで世の関心をひく存在になり得るのである。人はプログラムや原則や趣味を持っている。人はそれがいったいどういうことなのか、を心得ている。人は批評家の常套句などはすっかり知っている。何が現在の芸術傾向であるかも正確に知っている。そうだ！　芸術が近い将来にかかわり合いを持つであろう問題点とメソドそのものをあらかじめ確立しておくことができるではないか！　私はこれらの可能性を全部結び合せて未来の案内図を作ってやろう、と思い立つ人物が出てこないのが不思議でしかたがないのだが！

これこそワーグナーがあまりにも軽率な批評家共に対する警告としてベックメッサー（訳注・楽劇『ニュールンベルグの名歌手』に登場する人物）を創り出すことによって得た予期せぬ結論であったのだ。誰もが皆、我こそが新芸術の目利きであると自認し、しかも今日のベックメッサー達は「自分達の方が心が広くなっている」と断言してはばからない。ところが、これは絶対に間違いである。何故なら、よいものはいまも、そしていつの世においてもよいのであり、その故にこそ迫害されねばならないのである。悪いものは、同じように、現在も、そしていつの世においても悪いのであって、それ故にこそ常にプロモートされるのである。従って、心を広くなどという結構なせりふは脳を軟化させてしまう原因となろう。このような人達は「自分の法則通りに動くもの」に対しては、すくなくともほめそやしてきたような人達に比べると自分達の方がよほど偏狭だということに気がついていない、という点において、すべての立場を失ってしまっているからである。

さもなければ、本当に偉大な人が詮議を受ける度毎に、いつも同じ古めかしいきまり文句を引っぱり出すわけにはいかないだろう。たとえばマーラーは並はずれて広範囲な作品を書いている。これらの作品の中で何か非凡に高く偉大なものが表現を求めてもがいていることは誰もが感じ、あるいは知っていると思っている。「広い心の持主」とやらの頭にまっ先に浮んでくるのは、マーラーは至高のものを求めて努力してはいるが自分の願望を成就させる力を持っていない、といった陳腐なせりふなのである。これ以上の陳腐なせりふはあるだろうか。そして、もしあったとしても、いったいそのせりふを口にする人は誰であろうか。自分の心の広さ自体を共通の利益に用立ててきたその批評家連中が、である。最低の批評家は言うに及ばず、〝やや粗末な程度〟の批評家達も、である。——何しろ基本的なことにおいては一致しておかないと名誉にかかわってくるのである。この言葉はこういうわけで特に嫌われている無思慮な常套句の一つであると言える。何故なら、この言葉は例外なく、もっともふさわしくない人物に対して言われているからである。このような中から、結構、小人物が出てくるのである。「あの人は最高のものを求めて努力をしているのだが……」等々といった言葉を聞けば、私にはたちどころに、その人物は努力もしていなければ、最高のものに到達もしてはいないことがわかってしまうのである。そのことを目ざさんとしてマーラーが無駄な努力をしなければならなかった、とされているその偉大さとは、いったいどんな尺度でもって決められた、というのであろうか。彼の交響作品中のいくつかの楽章の主題とかテキストとかいった芸術家の真の抱負や作品の規模といった本質的なこととはほとんど関係のない面からの評価が行なわれたのである。マーラーは『ファウスト』を作曲したことによって（訳注・交響曲第八番 変ホ長調〔千人の交響曲〕第二部ファウストの終幕の場）死、復活、運命、について語った。このようなことを語るのは偉大なこととされている。だがしかし、それをいうなら、かつての時代のほとんど全ての作曲家は教会音楽を作曲することによって神——即ち、死や復活や運命よりももっと崇高なもの——に関心を払ったではないか。だからこそ音楽家は誰にも自分の作品をこのような尺度で測られたりすることなく、悠々と自分のペースで最高のものに向かって努力することができたのである。仮りに雄大なテーマ、という隠れ蓑を着けることが本当に偉大なことであるのなら、われわれは芸術家に向って隠れ蓑を着けよ、と要求しなければならぬ。芸術家の求める最大の目標は「自らを表現する」ということ以外にはないのである。もし自らを表現することに成功したならば、その芸術家は最大の成功を収めたのであって、その他のことはすべて重要ではなくなってしまうのである。というのは、死、復活、運命、ファウストといった大きなことばかりではなく、もっと小さくはあっても、それにまさるとも劣らぬ重大なこと、即ち、一人の人間を創造的にする気迫と精神の感動、といった一切のことが〝自己表現〟ということの中に含まれているからである。マーラーもまた、自分自身を表現することにのみ心を砕いた作曲家であった。マーラーの音楽の孤高性が十分に理解できている者には、マーラーの成功が疑念なく理解できる筈である。にもかかわらず、亜流の模倣者共は、マーケット開拓のためになら何にでも追いついてやれとばかりに大騒ぎをするのである。このような亜流の模倣者共によって書かれた作品の中に、たとえほんの少しでも原作と似かよっているものがいったいあったであろうか。このようなことを考え、またマーラーの音楽の模倣を許さぬ厳しさ（ただ独りの人間にしか成し得ない事がすべてそうであるのと同じように）を考え合せるとき、マーラーこそが自己表現という芸術家にとっての最大の業績を成し遂げた作曲家であることは明らかである。マーラーは死や運命やファウストなどを表現しようとしたのではなかった。そのようなことは他の人間にもできることだからである。彼は音楽様式や装飾楽句にではなく、これらから独立した自分自身のみを表現しているもの、にのみ魂を入れたのである。仏作って魂入れず！　彼以外の者が単に彼の様式だけを真似してみても一向に本質には近づけないのである。そしてまたマーラーの場合、その音楽様式そのものもまた不可解であり、かたくなに模倣を拒んでいるかに見える。マーラーにおいては、主題とそれを表現する方法とがあまりにも密接不可分に結びついているため、普通なら外面的な一特徴として現われるにすぎないようなものまでが、題材であると同時に構成となっている、というのが恐らくはその原因であろう。

次に、マーラーの作品に対して言われている非難について考えてみよう。彼の感傷性とテーマの凡庸性についてである。マーラーもこの非難にはずいぶん苦しんだ。マーラーのテーマが凡庸である、との非難に対してはまさにその通りであって弁護の余地はなさそうである。そしてマーラーがあまりにも感傷的である、との非難に対しては、その通りである、と言っておこう。一人の芸術家が、感情のおもむくままに、表現したいと思ったことを一音一句変えることなく誠心誠意書き連らねてテーマを作ったとする。もし凡庸性を回避しようと思うなら、それは易しいことである。自分自身をみつめることはしないで、自分の書いた音符ばかりに一所懸命目を注いでばかりいる三流作曲家でさえも、平凡なテーマに少し筆を入れて面白いものに〝仕上げる〟ことはわけのないことだからである。〝非常に面白いテーマ〟がこのようにして生まれてくるわけだ。それはちょうど、下らぬことには変りはないのだが、太々した筆使いで細部のあらをぬりつぶして、がらくた同然になってしまいかねない絵を何とか見られるように補修するのと同じことである。ところで次の事を考えてみるがよい。即ち、われわれがもっとも深遠な言葉を耳にしたばかりの、最も繊細にしてかつもっとも高揚した精神の持主である人物——まさしくこの人物が、凡庸なテーマしか書けない、少なくとも凡庸らしくなくなるまでそのテーマを修正することもできない、と思われているのだ。

　私は、マーラーがこのようにテーマにこせこせした加筆を行なわなかった理由はただ一つだと思っている。それはマーラーは自分のテーマの凡庸性に気がつかなかったのだと思う。即ち、彼のテーマは本当は凡庸ではなかったのである。実は私自身もはじめのうちは彼のテーマは凡庸だ、と思っていたということを白状しなければならない。私は自分がパウロになる前はサウロだったということを認めるのは大切なことだと思う。反対者共がひどく自慢にしているあの「立派な識別力」なるものが私にとっても無縁ではなかった、ということがわかってくるからである。ところが、マーラーの作品の美しさと雄大さをだんだん強く感得するようになって、このような判断が生じるのは「立派な識別力」のせいではなく、逆に「識別力」が大変に不足しているからなのだ、という事が身にしみてわかるようになってからというもの、「立派な識別力」は私にとって無縁なものになってしまったのである。私は、マーラーの作品全体からは強い感銘を受けていたにもかかわらず、彼のテーマは凡庸である、と思っていたのだ。いまの私には仮りに世界に二つとないような悪意をもっていたとしても、このような反応はできないに違いない。次のことを考えてみよう。マーラーのテーマが本当に凡庸であるのなら、私は今日、以前私がそう思っていたより遥かにマーラーのテーマを凡庸だと思うだろう、ということを。何故なら凡庸とは粗野のことであり、文化程度の低さ、いや、文化などとは何の関係もないような代物をいうのだから。低い文化程度の中で発見されるものは絶対的に悪かったり間違っていたり、といったものではなく、何とか生き延びてくることができたものの、いまやすたれてしまっているもの、もはや真実ではなくなったもの、などである。百姓の所作は不作法なのではなく、ちょうど彼等より身分の高い連中がもっと愚かであった頃ふるまっていたのと同じで、古風であるに過ぎないのである。従って、凡庸な人間の表わすものは遅れた倫理と、かつてはもっと高い地位にある人達のものであった精神状態とである。そのようなわけで、それは当初から凡庸だったのではなく、新しい、より優れた習慣に押しやられたことによって初めて凡庸になったのである。しかしながら、ひとたび凡庸になってしまったものは再び高尚なものになることは不可能である。凡庸になってしまったものは、あくまで凡庸にとどまらねばならないのであるから。従って、現在もし私がもはやマーラーのテーマは凡庸とは思えない、と主張するとすれば、これらのテーマは断じて凡庸であった筈はないのである。何故なら、凡庸な思想とは——（私にとって、時代遅れで擦り切れたように思える思想のことであるが）——近しく知れば知るほど、もっと凡庸に見えるだけで、決して崇高に見える筈がないからである。しかしながら、もし現在、私がこれらの思想をくり返しくり返し見れば見るほど新たな美と崇高な特質がわかってくるというのであれば、もはや疑う余地はない、思想は凡庸の反対なのである。ずっと以前に理解しつくしてしまっていてもう誤解の余地もない、というにはほど遠く、あまりにも深遠なその思想の単なる上っ面ぐらいのことしかわかっていない、ということである。事実、このようなことが起るのはマーラーだけに限ったことではなく〝凡庸〟の責めを負わねばならない他の偉大な作曲家の殆んど全部に起ったことである。私にはワーグナーとブラームスのことが頭に浮んでくるのだが――。

本当はよくわからないのだが、といった場面に出くわした時、みんながすぐ口走りたがるような判断より、私の感情の内に起る変化の方がよほど確かな尺度になる、と私は信じている。

芸術家は凡庸の譏りを受けるよりも感傷の譏りを受けた時の方がよほど弁解し難いものである。凡庸の譏りを受けたマーラーは半ば屈伏しかけたのであるが、彼はテーマではなく、テーマから生まれるものにこそ注目せよ、と弁じ立て、自己弁護することに成功したのであった。だが、彼はこのようなことまでせずともよかったのである。しかし、マーラーのテーマは凡庸である、という批判はあまりにも普遍的であったので、マーラーは間違っているのは自分の方なのだ、と信ぜざるを得なかったのである。何といっても当時の最高の音楽家から最低の人々に到るまでが口を揃えてこのような批判をするものだから、マーラーもこれらの声を全く無視してしまうことは出来なかったのである。ところが、もう一つの非難、マーラーは感傷的であり過ぎる、という声に対しては防御のてだてがない。

この非難の声は駄作呼ばわりするのと同じくらい激しく急所を衝いてくるのである。駄作しか好きでない、というような人は、単なる嬉しがらせ（これが駄作相応なところだが）に対し面を背けるような人――これは実はもっとも尊敬に値する人であるのだが――を中傷し、その人の立場を下げ、しかもその人の心の安定をも奪ってしまうような立場にあるわけである。現在は、立派な芸術作品を攻撃する方法は以前とは異なっている。以前は、知っていなければならないような事柄を十分に知らないような芸術家は、その点を非難されたものであるが、現在ではあまり余計なことを知り過ぎている芸術家はそのことが非難の対象となるのである。流暢さは以前は希求せられるべき一つの資質であったが、今日では罪悪であるとみなされている。何故なら、くだらないからである。そうだ、今日は小を捨てて大を表わす時世なのだ！　猫も杓子も小を捨てて大を表わしている。だから小を捨てて大を表わさないものはくだらない、ということになるのだ。そして、ユーモアか、さもなければ浅薄さ、英雄的偉大さ、ギリシャ的安穏静寧を有していない者は感傷的ということになっているのだ。インディアン物語の中に出てくる倫理が、まだわれわれの芸術観の範となっていないのは、はなはださいわいなことである、と言わなければならない。さもなければ、ギリシャ的安穏静寧さに加えてインディアンの苦しみを理解する能力の有無までが感傷性とかかわり合いを持っている、と美学者連は考えるであろうからだ。

真の感情とは何か。これこそが感情の問題なのである！　この問には感情のみが答え得るのだ。誰の感情が正しいのであろうか。相手の真の感情に疑義を差しはさむ人の感情であろうか、それとも、ただ自分の言っておかねばならないと思うことだけをズケズケ言う時だけ自分の感情を喜んで相手に伝える、といった人の感情であろうか。ショーペンハウエルは感傷性と真の悲しみとの違いを説明している。彼は一例として、細を捨てて大を表わす流派の画家なら、きっと感傷的である、と言いそうなペトラルカを例にあげ、その相違が次の点にあることを明らかにしている。真の悲しみは諦観にまで昇華することができるが感傷性はそれができず、いつもただ悲しんだり、かこったりだけする結果、とうとう「天も地も、もろともに」喪失してしまう、と。この不平がましい悲嘆のテーマが事件の推移に伴い諦観にまで高まり得るというのに、どうして一つの感傷的テーマだけをとりあげて語ることができるだろうか。そのようなことは、ちょうど一つの〝機知に富んだ句〟をとり上げて語るようなことと同じであって誤りである。人間全体が機知に富み、機知に溢れているのであって、たった一つの句が機知に富んでいるのではない。作品全体が感傷的だ、ということはあり得るが、ただ一つのフレーズが感傷的である、というようなことはあり得ないのである。何故なら、それは、そのフレーズが楽曲全体の中でどんな重要性を与えられているか、ということ、そして、そのフレーズがどのように展開していくか、といった全体との関係において決まるものだからである。マーラーの音楽はどれほど諦観の境地にまで昇華していることだろう！　「天も地も、もろともに」ここでは失われているのであろうか。あるいは、ここにおいて初めて人生を営むに足る一つの地がむしろ描かれているのではなかろうか。そしてその時、生きるに値する以上の一つの天が称揚されているのではないだろうか。彼の第六交響曲のことを——第一楽章におけるあの恐ろしい苦闘のことを——考えてみるがよい。ところが、次には第一楽章の悲しみに引き裂かれた動乱状態から自動的にその反対のことが生まれてくる。それは牛の首につけた鈴が鳴り響く天上的な楽章であって、その涼やかで氷のような慰藉は諦観にまで昇華した人だけが達することのできる高みから与えられるものである。そして、動物的なぬくもりなしに天上の声の囁きを理解するものだけがそれを聞くことができるのだ。

ついでアンダンテ楽章。その音色を耳障りにしているのは凡庸さではなく、その音色の理解を妨げている徹頭徹尾非凡な個性による感動の特異さに他ならない、ということを今日認識している人にとって、その音色は何と純粋であることか！

まずバイオリンの奏する高音域に始まり、ついで、もしもこれ以上の美しいことがあり得るとすれば、これこそがそれである、更に美しい、ホルンが引き継いでいく郵便馬車のらっぱのソロ。これこそが自然の、もし必要なら、「ギリシャ的安穏静寧」の雰囲気。あるいはもし、そんなたとえなど要らぬという人のためにもっと簡単に言ってしまえば、最も驚異的な美のムードなのである。さらには「第三」の終楽章！「第四」全体、といっても特に第四楽章！それから第三楽章！それから第二、第一楽章もだ！そう、この交響曲全体がそうなのだ。何故なら〝偉大な巨匠の手になるパッセージ〟などというものは存在しないからなのだ。あるのは、ただ〝美しい完全な作品〟のみであるからだ。

　マーラーに対して向けられているもう一つの非難、彼のテーマは非独創的である、というのは、信じられないほど無責任である。まず第一に、芸術は単一の構成要素だけに依存しているものでない。従って、音楽もテーマだけに依存して成り立っているわけではないのである。芸術作品は生き物である。人間が手足ばらばらに受胎する、などということが絶対にあり得ないように、芸術作品も作者の頭に浮んでくる時は全体が同時なのである。インスピレイションとはテーマのことではなくて作品全体のことである。創意に富む、とは優れたテーマを書くことではなく、シンフォニー全体が一度に浮んでくることなのである。

　第二には、マーラーのテーマは実際は独創的である、ということである。最初の四つの音符しか心に留め得ない人は当然記憶をたどって全体をさぐってみようとするだろう。しかし、このような振舞いは一つのまとまった独創的な詩の中から独創的な言葉だけを捜そう、とするのにも似て、愚かなことである。何故なら、テーマとは三つや四つの音でできているのではなく、これらの音のすすんでいく音楽的運命から成り立っているものであるからだ。大きな楽曲の形式を考える場合、われわれがテーマと呼んでいる小さな単位だけを尺度にするのは大きな間違いである。テーマは大きな楽曲形式の最小の構成要素にすぎないものだからである。しかしながら、テーマという最小のものだけしか観察しない、ということは、ショーペンハウエルがもっとも非凡なことを述べるにはもっとも平凡な言葉を用いるべきだ、と主張した時受けたのと同じような罵りを受けるに違いない。

そして、このようなことは音楽においてあり得るに違いないのである。単に音をもっとも平凡に連らねることによってもっとも非凡なことを語ることが可能であるべきなのである。だが、マーラーには、こんなことを言い訳として言う必要はないのだ。もっとも遠大な単純さ、自然らしさを旨としながらも、彼のテーマには全く独自の構造があるからである。彼の書法をみていると、私は個性的な文体を創り出そうとして必ず再帰代名詞を抜かして書く一人の作家のことを思い出す。マーラーがほんの二、三の音から空想と芸術性と豊かな変化によって、果しない旋律（彼の旋律をアナリーゼすることはその道の達人によってさえ、しばしば困難な作業だが）を創り上げていくのを観察すれば、――即ち、このテーマが能うる限り自然に到達している、全く独創的な音楽現象に注目してみれば、マーラーのテーマは最高の意味において独創的である、と言えるのである。マーラーの方法がこれほど完全なまでに独創的であるという事実から、どの要素は心から、そしてどの要素は頭脳から生じたのかを知ることができる。即ち、方法、目標、すべてのものの同時的かつ全体的展開、全体的進行（勿論テーマも入れて）などがそれである。――曲首の重要でない三つ、四つの音などではないのである。

更に一歩すすめて考える必要がある。音楽作品にとって独創的なテーマは全然必要ではないのだ。もし音楽作品にとってオリジナルなテーマが絶対に必要だというのなら、バッハのコラール・プレリュードなどは芸術作品ではない、ということになってしまう。しかし、バッハのコラール・プレリュードは歴とした芸術作品なのである。

どうやら、これは非常に偉大な人間の場合のおきまりのようである。例の非難は本当はその逆の方が真であるのに、一人一人が全部このような非難を浴びるのだ。そう、**全員が**しかも、面喰わずにはいられないほど正確に浴びせかけられる、というわけだ。なにしろ、人々の思惑に反して、このことが明らかにしているのは、作者の資質は本当は最初聞いた時早くも認められるものだが、ただそれは誤って解釈されているにすぎない、ということだからである。作曲家の癖の中でももっとも個人的なものが出てくると、聴いている方は必ず参ってしまう。聴き手は、これこそが作者の特徴なのだ、と直ちに認めるかわりに、その打撃を侮辱の一撃であると解してしまう。彼はここに作家の欠点、エラーがあるのだと思い込み、これが長所であることを見落してしまう。マーラーのスコアを一見してみれば、彼の高い芸術性は明らかである。どうして私がこれを見落してしまったのか今日考えてみても全くわからない。器楽法の前代未聞の簡素さ、明晰さ、美しさ、こういったものを私は素早くスコアの中から感じとった。それは最高傑作を思わせるものであった。ところが、当時の私は今日ほどよく物事を知らなかったのである。どう考えてみても巨匠らしく見えないような作曲家に傑作らしき作品が出来る、などということが考えられなかったのだ。このようなスコアの書ける人はみな、その精神の中に完成した作品が自動的に生まれてくるような人である。完全という概念は不完全という概念を徹底的に閉め出す。従って、不完全なものを完全の印象を生じるように表現することは出来ないのである。鋭い形式感をそなえた音楽家ならスコアを見ただけで、この音楽は独り巨匠にのみ書くことのできるものだ、ということを見抜くに違いない。

マーラーは「彼は何もわかってはいないのだ」というような声にも耐えていかなければならなかったのである。ある人達は、マーラーは極めて洗練された方法で何でもやってのけることができる人で、なかんずくそのオーケストレイションは極めて効果的ではある。しかしながらマーラーにはオリジナリティーが不足しており、彼の音楽は空虚である、と主張した。こちらの方は、よりやっかいな阿呆どもであった。よりしまつのよい方の阿呆どもは自分は一応の悪くはない対位法は身につけており、たとえばオーケストレイションといった他人に出来て自分は不得意なものを片っぱしから軽蔑したのである。この連中は作曲上やってはならない事柄については実によく知っていた。彼等は、巨匠達が仮りに素人くさいへぼ職人的な書法をそのまま使ってみようと思い立ちでもしたら、たちまちこのような手法は間違っているとばかりに精通した知識を振り廻したがったのである。彼等はこのようにして、ベートーベン、ヴォルフ、ブルックナーに対しても常に範をたれ給うてきたのだ。いつの世においても唯一の正しいものは何であるかを正確にわきまえていたのだ。ところで、このような博学からいったい何が今日に生き残ったというのだろう。それはこのような識学に対する嘲笑だけではないのか。にもかかわらず、このようなことが音楽史全体に滲透しているのである。

完全に調性的な書き方をしており、それ故に彼にとってはコントラストを目的としたいろいろな和声的なやり方は未だ十分その目的を達成しているとは言えないのだが、マーラーの旋律構成の芸術性は非常に著しい。ある一定の和音の反復が必要になる場合があるとはいえ、旋律の非常なまでの息の長さは真に信じ難いほどである。しかも、それにもかかわらず決して単調にはおちいらないのである。それどころか、長く続けば続くほど最後の方は勢いが強くなっていき、展開を推進する力は均等な加速運動によって増加していくのである。最初の段階においてどれほど白熱化しても暫くして燃え尽きてしまう、というようなことなく、後になればなるほどいちだんと燃えさかるのである。だから他の人の音楽の場合ならテーマはとうの昔に消耗し尽して消えているところだろうが、いまここにおいてこそ、それは最高度の刺激にまで高まるばかりである。これが仮りに才能でないとすれば、少なくとも能力ではある。似たようなことが第八交響曲の第一楽章にも現われてくる。この楽章は、たとえばどれだけしばしば、Es・I^{6}_{4}の和音が出現することか。私はどの学生にも必ずこの楽章のもう一つ他の調性が考えられるかどうか考えてみよ、というのである。

信じ難いことかも知れないが、ここではこれが正しいのである。ここではこれがぴったりしているのである。ここではこれ以外の別のことを考える事は不可能なのである。規則ではどうなってるか、だって？　それなら、規則なんか変えてしまうべきだ。

めずらしい構造を持ったテーマや、正規の構造より短かいテーマなど、出来るだけ多くのテーマを観察研究してみるべきである。たとえば第六交響曲のアンダンテの第一主題は十小節より成っている。このテーマは構造的にはピリオッドであり、普通なら八小節の長さになるところであるが、普通なら〈譜例2〉の第四小節のような形で、四小節目に段落がこなければいけないところであるが、実際には〈譜例1〉に示したような形になっており、第四小節目の変ト音は符点二分音符の長さに引き延ばされ、このため本来なら第四小節目にくるはずの八分音符による音型は第五小節目に押しやられてしまっている（〈譜例1〉の［cで示した部分）。

こうしてこのピリオッドの前楽節は四小節半の長さとなっている。後楽節は前楽節と対称し、同じ長さであるのが普通である。この曲例の場合、後楽節は第五小節目から始まっている。もしも第七小節目において前楽節の第四小節目に起った拡大と対応した拡大が行なわれていなかったならば、このピリオッドは〈譜例3〉に示したように第九小節目で終っているところである。

この旋律をさらに検討してみよう。第七小節目における拡大にもかかわらず、たとえば

譜例　1

譜例　2

〈譜例3〉に示したようなやり方で、この旋律を計九小節にまとめあげることは可能である。しかしこの曲においては、第八・九小節においてカデンツのための縮小が既に起っている一方、更に技巧的な拡大の手法が用いられている。

典型的な形式からのこのような逸脱が相互にどんな風にバランスをとりあっているか、そしてさらには要求しあってさえいるかは驚くべきばかりである。これこそ偉大な名作にのみ見られるような、形式に対する高度に発達した感受性の証拠である。これは単な

譜例　3

譜例　4

る〝技巧家〟の手になる力作ではない。真の巨匠ならあらかじめそうしてやろうなどと心に決めたようなことはもう決して成就しようとはしないものだからである。これは意識に制約されないインスピレイションなのである。インスピレイションとは、無意識のうちに霊感を受け取ると問題が自分に突きつけられているとは気づかずに解決していくことのできる天才にのみ宿るものである。

　音楽に関する著述を行なっている有名な或る人物がマーラーの交響曲を「巨大な交響的《シンフォニック》混成曲《ポウプリ》」と呼んだことがある。「混成曲《ポウプリ》」という言葉は、本来は創造性の凡庸さに対して言われる言葉であって、楽式を表わす用語ではない。そして「巨大な――」という表現は、楽式に対して適用されるべき用語であるはずだが。それはさておいて、モーツアルトやワーグナー等々のクラシック音楽を材料にしたポウプリがあったとする。私に、実際にはそんなものについては一向に詳しくはないのだが、とにかくバッハやベートーベンの美しいテーマだけを引っぱってきた、ごちゃ混ぜ以外の何物でもないような音楽が現実には存在するのだろう。このような曲について考えてみればすぐわかることだが、ポウプリという語はテーマの凡庸性ということとは無関係である、ということである。第二に、ポウプリの特徴は楽式的に見て用いられている素材相互の連結性が控え目であるということである。個々の部分部分はただ並置されているだけのことであって必ずしも関連があるわけでもなく、また各々の部分部分の関係が（関係が完全にない場合もあるかも知れないが）その表現形式の中の単なる偶然以上の意味を持つこともない。このことは「交響的《シンフォニック》」という言葉と矛盾している。symphonic という語の意味するところは、個々の部分部分は創造的衝動から生じ、一個の統一体として表わされる一つの生きものの有機的構成要素である、ということである。

ポウプリなどという言葉は本当は本来何の意味のない極めて矛盾した言葉であるにもかかわらず、この言葉はドイツで大流行したのであった。ウィーンの新聞界ではいつだって最悪の事態が起りかねないのだが、今度も、マーラーの死亡記事にポウプリの事を引用しようなどと考えた者がいたりしたのである。

私はこのようなことは公平なことだと考えている。何故なら偉大な芸術家は彼が死後に受ける栄誉と引きかえに生前には必ず酷い仕打ちを受けるものだからである。そして、尊敬されている音楽批評家は死後に受ける軽蔑と引きかえに、生前にはその分だけの埋め合せにありつけるものなのである。

マーラーに対して衆目が一致して認めた唯一のものは、彼のオーケストレイションであった。だがこの評価も何となくあやし気である。このような讃辞もこれほど一致しているからには、さきほどの意見の一致と同じような目に合いそうな気がする。事実、マーラーは作曲形式は決して変更しなかったものの器楽法の方はいつも変えてばかりいたのである。彼は自分の器楽法は不完全だと思っていたのである。たしかにマーラーの器楽法は最高の完全さは持っていないとも言えるし、あるいは持っているとも言える。しかし、作曲家としては確かに必要とは思えない明晰さ——何故なら音楽は作者の主観的感情を匿名のものとしたり、初心者に対しては不可解であってよいという天与の特権が保障されているからである。——指揮者としては求めざるを得なかった人間の念願だけが——つまり、この念願だけが彼を駆りたてて、完全なもののかわりとして更に完全なものを求めさせたといえる。しかし、そのようなものは現実にはないのである。いずれにせよ、それは彼が一般的に言われているこの讃辞をどちらかと言えば信用していなかった、という事実を示すものである。また、それが自分にふさわしい讃辞であると思っても、非難を受けるよりも讃辞を受けた時の方が一層鼻もちならない思いをする、というのが偉人たちの持っている驚嘆すべき一つの特徴なのである。しかし、それ以上のことがある。それは、もし誰かがマーラーのオーケストレイションをほめている人に向って、いったい貴方はどういうつもりなのか、とたずねてみれば、その人達は自分達が場合によっては嫌悪したかも知れないような点を挙げるに違いない、と私は固く信じている、ということである。この点については証拠があるのだ。今日、管弦楽曲を作曲する人間はほとんど皆がうまく作曲していることになっている――少なくとも批評を読む限りではそうである。しかし、この上手な管弦楽法とマーラーの管弦楽に対する考え方の間には厳とした相違があるのだ！

マーラーの器楽法でまず感銘を受けるのは、彼が本当に必要なことだけを書き込んでいく、殆んどその前例を見ないばかりの客観性である。彼の音は、装飾的な附加音、即ち主要素材とは全く無関係であったり、たとえ関係があったとしても極めて薄い関係に過ぎず、ただ装飾的に置かれているに過ぎないアクセサリー的な附加音からは絶対に生まれてこない。彼のオーケストレイションがヒューヒュー鳴っている箇所は、そのヒューヒュー鳴るのが本筋のテーマなのである。このような形式のテーマもあり、テーマを形成するための音は非常に沢山ある。従って、ざわざわ鳴る音はこのフレーズの**目的**ではなくて**表現形式**と**内容**なのである、ということがたちどころに明らかになるのである。音がぶうぶう呻く箇所ではテーマとハーモニーがぶうぶう呻く。音ががらがら崩れる箇所では巨大な組織同士がぶつかり合って建築物は粉々になる。緊張と圧迫の構造関係は反目である。しかしながら、もっとも美しい音の中に繊細で香り高い音色が混っている。ここにも、また彼は、たとえば第七交響曲の中間楽章におけるように、ギター、ハープ、その他のソロ楽器のソノリテによって前代未聞の斬新さを持ち込んでいる。第七におけるギターの使用は単一の効果のために導入されたのではなく、その楽章全体がこの響きをもとにして礎き上げられているのである。響きは、いちばん最初からつきまとうのであって、その作品の血の通った器官のようなものである——といっても心臓ではなく恐らく目であろうが——そしてその眼差しが、その相の著しい特徴になっているのである。この例は古典派作曲家達の手法に非常に似かよっている——もちろん、古典派作曲家達の手法に比べれば実際にはもっと現代的であるが——。というのは、古典派作曲家達は楽章、あるいは作品全体を特定の楽器グループの特徴を活かしたソノリテの上に構成する、といった手法を用いたからである。

マーラーがこのような点において、一見考えられているよりは遥かに古典音楽に近づいているということと、その近づき方をわれわれは恐らく遠からず詳しく知ることになるだろう。今日、このことを認めるのは必ずしも容易ではないし、第一、たったいま、マーラーの古典への近接を指摘したばかりであるにもかかわらず、そのことは必ずしも全てが真ではないのである。それどころか、彼は古典を超越して進んでいるのであって、古典とはかなりの度合、袂を分かっているに違いないのだから。しかし、マーラーが超越したのは形式とか均衡とか規模とかいった点ではなく、内面的な出来事、内容なのであって、彼が超越したのは、このような内面的な出来事が表面に表われた結果にすぎないのである。このことはその内容が彼以外の巨匠の作品に比べてより偉大であるとか、意味深長であるとか、あるいはもっと世を震撼させるようなものであるとかいった意味ではない。何故なら偉大な人間がこぞって表現したいと願うことは唯一つ、自分達の来世、霊魂の不滅、宇宙への融解を希求する人類の憧憬――即ち、人類の神に対するこの魂の憧憬をおいてはないからである。このことは実にいろいろな道や廻り道を通って達成され、さまざまな方法によって表現されているとはいえ、このことだけが偉大な人の作品の内容となるのである。だからこそ、彼等は精魂をかたむけてこれが成就されるまで、これほど幾久しく憧れ、これほど強く願うのである。また、この憧憬はその強さを少しも欠くことなく先達から後継者へと伝わると、後継者は内容ばかりではなく強さも引き継いで、自分の受け継いだ遺産に比例してつけ加えていくのである。この遺産には責任が伴うのだが、それはこの責任を引き受けることのできる人間にのみ課せられるものである。

指揮者としてのマーラーを作曲家としてのマーラーと同時に論じることは無意味なことのように思える。何故なら、彼の敵側に廻った人間の中の最も愚劣な連中さえもマーラーが非常に優れた指揮者であるということは十二分に認めていたのだから。そしてもう一つの理由は、純粋な再現活動は創造活動に比べれば単に二義的な重要性を持つに過ぎない、と人々が考えているかも知れないからである。しかしながら、私がこのことを論じてみたい、と考える理由が二つある。まず第一は、偉大な人物によって行なわれる行為に二級の行為などはあり得ないのだ、ということである。事実、彼の行なう行為の中のどれ一つをとりあげてみても何かしら生産的である。このことを考えると、私はマーラーのネクタイの結び方さえも観察したい、などとも考えるし、事実また、我が音楽界のお歴々の一人が「神聖な主題」とやらによってどのような作曲をしているかを研究するよりよほど興味深くあり得るところも多いように思うのだ。第二には、彼の指揮活動についてさえも、そのいちばん重要な面ではまだ理解しつくされていないように私には思えるからである。確かに、多くの人々が彼の悪魔的個性、前代未聞の様式感覚、演奏における音色の美しさばかりでなく正確さ、などを称揚してきた。しかし、例をあげればいろいろあるのだが、その中でもいわば彼の「同僚」の一人が、何度も何度もリハーサルをすればよい演奏というものはおのずと可能なのであって特別の秘訣などはなくなるのだ、と言うのを聞いたことがある。確かに秘訣などはないのだ。演奏を重ねれば重ねるほどうまくなっていくのであって、どんなに下手くそな指揮者でも練習の効果は上るというものである。ところが、九回目のリハーサルで、もっと改善しなければならない箇所に気がつくから、即ち、第十回目のリハーサルで言わねばならないことに気がついているからという理由で、第十回目のリハーサルの必要性を痛感するようなことがあるのだ。これこそ、その相違の相違たるところである。音楽性の貧しい指揮者は三回のリハーサルをやるともうそれ以上やることがなくなってしまうのだ。もうこれ以上、自分自身の中に要求するものがなくなってしまい、何をしたらよいかわからなくなってしまって、優れた指揮者より安直に満足してしまうのである。生産的な人間は自分が再現したいと願っているものを完全にイメージとして心の中に抱くことができるのだ。彼の演奏は彼が生み出す他の全てのものと同じように、心の中に映るイメージより不完全であってはならないのだ。このような再創造は創造とほんの微かだけ異なるだけである。実質的にはそのアプローチが違うだけのことである。このことが十分にわかって初めて、マーラーが指揮者としての自分の最高の目標は「音符の中にこめられている真の意味を正確に引き出すよう、楽員達に強いることが自分の為すべき最大のことです」と謙遜して語った言葉にどれだけの重みがあるかが十分に理解されよう。この言葉はわれわれにとってはあまりにも単純で軽薄に聞こえるのだが、事実、この言葉は正しいのである。というのは、われわれは自分が知った結果をそれより遥かに深い原因のせいにしかねないからである。しかしながら、音が創造的な人間の心の中に生み出すイメージがどれほど正確でなければならないか、また現実とイメージが相互に対応し合っているかどうかを見分けるにはどんな感受性が必要であるかを想像してみる時、また演奏中の音楽家がただ正しく音符を弾いているだけなのに、その時突然その音楽の精神までも共にしてしまうほどわかり易くこれらの立派な識別力に表現を与えるには何が必要であるか、を考えてみる時、その時こそ、われわれはこれらの謙虚な言葉が全てを言い尽していることを理解するのである。

この謙虚さはマーラーの著しい特徴である。彼は謙遜の主義に一致しないような行動は決してとらなかったのである！　行動はまさに然るべき範囲内に留まっていた。それは烈しい気性と共に、生命をもって、精力的に、力強く行なわれた。何故なら、烈しい気性は信念の執行者であり、決して不活発になることがないからである。原因や主義主張を持たない暴動などというものは決してあり得ないのである。今日、マーラーの若い頃の指揮のしかたの真似をして成功をしている者もいないわけではない。しかし、そのような者を成功に導いた〝激しい気性〟とやらには、そのいずれを取り上げてみても人々を納得させるに足る動機がないのである。マーラーが激しい身振りで、たとえば金管楽器群や弦楽器群に向い、その楽器群が表現する筈の力感を実際に身振りで演じながら指揮をしている時代は、まだそのようなことが許される男性の成熟の境界線上にいたのだ、と言える。彼がその境界を越えた時、変化が起り、彼は前例のないほど従容としてオーケストラの前に立ったのであった。あらゆる努力がリハーサルで発揮された。激越な身振りは消え、言語表現特有のいちだんと優れた明晰性が身振りにとってかわったのである。ここではもう青年は成熟期に入っていたが、彼は人を欺くような人ではなかったので、青年らしい身振りをしようとはせず、いつも自分の境遇にふさわしいことをしたのである。若い頃なら決してこのような穏やかな指揮はしなかっただろう。ルバートは彼の青春に対応し、むらのなさは彼の成熟に対応するのである。今日、マーラー的落ち着きを模倣する例の若い層の指揮者たちに対して、これは彼の精神の中にはないことだ、ということを言ってやらねばならない。彼の落ち着きは違った概念なのだ。彼を見倣う、ということは常に自分自身の感情の命じるままにしている、ということなのである。それ以外のことは単なる猿真似にすぎないのだ。彼にとっては、これ以外の如何なる法則もなければ、模倣すべき如何なる雛型もなかった。人は自分の雛型に従って行動しなければならない。ところが、これには勇気が要るのだ。マーラーはこの勇気を最高度に所有していた人である。自分が必要と考え、それに向って彼が最大の危険を冒そうと決意した時、それを妨げ得るものは何一つなかった。このことはウィーンオペラでの音楽監督としての仕事およびそのために彼が作らねばならなかった敵、などを考え合せればよくわかるのである。彼はウィーン中のいちばん悪い連中を全部結集させた。いちばん信頼できない連中は身動きできなくなって、彼の敵側に走った。だが、マーラーはこのようなことに耐え、我慢する勇気を持っていた。彼は全く身に覚えのない、ある事件に巻き込まれたが、それにもかかわらず、まつげ一本動かさずジャーナリズムの攻撃をも受けとめた。相手にやり返すには彼の年下の一人の友人を犠牲にしなければならなかった。彼はそのことを潔しとしなかったのである。彼はこの件に関する事の一切を莞爾として受けとめ、その後もこの件については一切口を開かなかった。

ウィーンで王立オペラ座の音楽監督をつとめていた頃の彼は音楽家としてだけの仕事に

没入していたわけではなかった。彼は歌手や楽員達に近づき、自分を殺して傑作の心の中に没入しようとしただけではなく、詩の精神内容をも深く洞察し伝達しようと努めたのである。彼の思索がどれほど深く巨匠達の意図に迫っていたかは次の例からもよくわかるのである。

私が彼とワーグナーの詩について語り合った時に、私は『ローエングリーン』の歌詞の奥深いところにある真の意味を理解するのはむずかしいことだと彼に言った。ロマンティックな呪詛や驚異、魅惑、魔法、変貌などを持ち込んだ単なるお話だけでは、もっと深い人間感情に呼応するようには思えないからだ。愛国心とか聖杯が与える感銘にもかかわらず、たとえオルトルートがエルザの疑念を起させなかったとしても、エルザがローエングリーンの素性を知りたがったことで彼女を責めるのは無理である、と私は述べたのだ。

「それは男と女の違いです。エルザは典型的な懐疑的な女です。彼女は、その男が彼女が有罪であるか無罪であるかは不問にして彼女のために戦ってくれたのと同じような信頼を彼に抱くことができないのです。相手を信用することができる、という能力は男性のものであり、疑念は女性のものだからです」とマーラーは説明した。確かに、疑いが保護を必要とする者の不安から生じるのに対し、信用は、彼女の保護者であってブラバントの保護者でもある者の、力の意識に由来している。このように解説してくると、あのやや芝居じみた“Nie sollst du mich befragen”というせりふの深い人間的背景が明らかになってくる。

　情熱に苦しむ男マーラーは既に人生の嵐のすべてを体験し、友人達からは迫害を受け、神々を称揚した後、倒れてしまったが、その人生の絶頂において、あの落ち着き、あの節度、あの見通し、を持っていたのであった。彼はこれらを心の垢を払い清めることによって身につけたのであった。このお蔭で、彼は偉大な作曲家の作品の中にもっとも深遠な相を観照することができたのであった。そして、今日、われわれ後世の人達が失いつつある不動の敬意はこの故に築かれたのであった。

　マーラーは決して標題音楽の味方ではなかった。独裁者である彼は標題音楽などは話題にすることさえも好まなかった。だが、このこと以上に彼が嫌ったのは人々がお世辞半分に、マーラーは何が好きだ、などと推量して話題にすることであった。ある若い指揮者は、このようなことをして身にしみる失敗を味わわねばならなかった。彼はその時、ワーグナーを攻撃する、というさらに余計な失敗を重ねてしまったのである。「われわれの音楽が純粋に人間的なもの（および知性をも加えて、それに付随するすべてのものをも含めて）を反映していることは否定できないのだ、という貴方の引用しておられるワーグナーの言葉は私にとっては明快そのものです。あらゆる芸術の例に洩れず、音楽とは適切な表現手段の問題であるからです。にもかかわらず、音楽の中に我々が投入するものは、感じ、考え、呼吸し、そして苦悩している人間全体である、ということに変りはないのです」と、マーラーは彼に書き送ったのである。「だがしかし、若し音楽家がその中で自分自身を表現しよう、というのなら、全く異論のあろうはずはありません。しかし、この中で表現されるものが詩人や哲学者や画家であってはならないのです」と言葉を継いでいる。

このようなかしこさが彼を誇張から守ったのである。使徒は適度の節度に欠けると、しばしば法王よりもローマ教的になってしまう。マーラーはあることが本質的に絶対偽りだと言い切れないのは、その逆が本質的に絶対的に真だと言い切れないのと同じである、ということを弁えていた。従って、本物の価値に対する彼の根の深い認識は本当の偉大な人間の一人が相当の敬意を拒否されるのをそのままにしておくことを潔しとしなかったのである。このようなやり方は、恐らく一人の将校が侮辱を受けると将校の全員がよってたかって報復する、といったことと同じように彼の紳士としての礼であろう。

このようなことは私にもあったのである。私の成長段階で、かつては最高の評価を下していたワーグナーを、否定的、いや敵対的にさえ見ようとした時代があったのである。私はマーラーに対してそのようなことについての私の考えを、どうも激烈、驕慢な表現でまくし立て過ぎたのではないかと思っている。彼は、ありありと、ショックを受けたように見えたが、自分もそのような発達段階を経てきており、そんな精神状態については十分わかっているつもりである、と平静な口調で答えたのであった。しかし、このようなことは決して長くは続かないものである。何故なら、人は真に偉大な人の許には何度も何度もくり返し立ち戻るものであるからだ。真に偉大な人間の地位が揺ぐことなどはあり得ないのであり、彼等に対する敬意を決してわれわれは失うべきではないのだ。

この叱責は、その後の私にとって非常に重要なものになった。何故なら、自分自身が尊敬されるに値する人物になり得て初めて他人を尊敬することが出来るのだ、ということ、そしてその逆に他人を尊敬することができぬような人は、その人本人が尊敬されるに値しないような人物なのである、ということが私には明らかになったからである。このようなことが良くわかる、という事は世間に立身出世を望む者達が自分の方を偉そうに見せようとして偉い人を軽んじているような昨今の風潮の中にあってことさら重要なのである。

私は天才と才能の違いを次のように定義しようと試みた。才能とは身につける能力であり、天才とは自分自身を展開していく能力である、と。才能は自分の外部にある既存の能力を獲得することによって成長し、これらと同化し、遂にはこれらを自分のものにさえしていくのである。天才は、そもそも初めから既に未来の力を全て備えているものである。天才は、ただ自らの力を展開していくに過ぎないのだ。天才はその力を巻き戻し、広げ、開いていくだけのことである。才能が有限の題材、即ち既に与えられているもの、に精通することを必須としているため、たちまちにしてその頂点に達してしまい、頂点に達した後は下降していくのが常であるのに対し、天才は無限の中に新しい道を求めるが故に、その展開は生涯を通じて広がっていくのである。従って、天才の展開においては、たとえ唯の一瞬といえども他の瞬間と似ることがない、ということが生じてくる。各段階は同時にその次の段階への準備である。それは永遠の変貌であり、単一の核から芽ばえる新しい生命の不断の成長である。このような展開上のひどくかけ離れた二つの点があまりにも奇妙なほどに異りあっているために、はじめのうちはこれらが同じである、ということが認識できないわけである。もっと詳しく近づいて調べてみると初めて、初期の可能性の中に後期の必然性が感知されるのである。

マーラーの写真は、このような説が正しいという驚くべき証拠を私に与えてくれる。私の手には二枚のマーラーの写真がある。一枚は十八歳頃の彼を写したもので、その表情からは何もうかがい知ることのできないものである。マーラーは、実際に偉くなるということよりも偉そうに見せることの方がより大切だなどと考えているような、例の若き芸術家とは似かよってはいない。彼は、自分自身にはまだそれが何であるかはわかっていないのだが、将来に起ろうとしている何事かを待ちかまえている人のように映っている。もう一枚の写真は彼の二十五歳頃のものである。ここではもう既に何かが起っていた。妙なことに額は前より高くなっていて、脳味噌がもっと場所を塞いでいるようだ。そして、面立ちはどうだ！　以前は非常に真面目ではあるが、仕事に取りかかる前に、いま少し力を結集したいものだ、と考えている人の面立ちのようであった。それがいまは緊張しているのだ。その面立ちは、問わず語りに、彼が既に世の善悪を知り尽しているように見え、傲慢にさえ映っているのである。彼はやがて目鼻立ち全体が小さく映るような顔になってしまうのだろうか。さて次は五十歳位の人間の頭部がわれわれの前にあるのだ。この発達は奇蹟のように思える。ここには若い頃の写真と似ている点がほとんど何一つ見当らないのである。内部からせり出したような姿、以前のものを全部嚥み込んだ、とでも言えそうな姿がそこにあるのである。以前の段階のすべてが最終的な表現形式の中に含まれているのは確かである。目の見える人間なら誰でも、若き日の写真の中にその人間の全てを看破するものである。しかるに、もっと前の段階を振り返ってみると、その段階自体は確かに表情豊かではあるが、そこにその人間の円熟期の表情を見つけ出すのは、丁度非常に明るい光に照らされた小さい光線を見るのと同じで、大層困難である。従って、可能性が発見できないうちは後年の顔の必然性から目をそらせて待っていなければならない、ということになる。ここにおいてこの人間を動かしていた思想と感情が一つの表現形式を創造しているわけである。このことは、若い頃には最高に見えるが年をとるにつれて外目にも明らかな教養のない俗物になり下ってしまうような神童たちの上には起らないのである。自分の外観は人から学ぶわけにはいかないのである。習ったものは残らないで逃げていってしまうのである。ところが、生得のものは一つの極致から次の極致へ移り、一段と高度の表現形式へと発達していく。それは観ている人の理解したい気持が切実であればあるほど、その人にとって謎としか思えぬような飛躍を行なう。マーラーの発達はもっとも圧倒的な飛躍の一つである。現に、後に彼の特徴として表われてくるものは悉く第一交響曲の中に芽ばえているのである。この作品において、はやくも彼の生涯の中心旋律は端を発していたのである。彼はただそれを展開し、極限の広さにまで開いていったにすぎないのである。第一交響曲の中には自然に対する傾倒と死の思索がある。ここでは、彼は未だ運命と闘っているが、第六交響曲においては運命を承認しているのだ。そして、この承認こそ諦観なのである。しかるに、諦観さえもが生産的となり、第八交響曲においては高揚して至高の悦びの讃歌にまでなっているのである。その讃歌は、これらの悦びはもはや自分の為のものではないことを既に知り、既に自分を諦め、そしてそれらの悦びが更にいちだんと高い比喩《アレゴリイ》にすぎないことを既に感じているものにとってのみ、可能な讃歌なのである。それはまた、彼が妻への手紙で『ファウスト』の最終場面を説明している部分でも明らかなように、至高の幸せの讃歌なのである。

「すべて過ぎゆくものは（私が先頃二晩あなたのために演奏したものはすべて）似たものにすぎず、本来、その現世的な姿をしている時は不十分です――ところが、そこにあっては現世的な不十分さという肉体としての存在から逃れて、それは実在のものになります、そうなるともうわれわれには、他の言葉での言い換えや、比較――即ち、似たもの――は必要ではなくなります。私がここで述べようとしてみた、全く筆舌に尽し難いことが既に成就されているのです。しかるに、それは何でしょうか。再び私は次のような比喩によってあなたにそれを伝えることができるだけです。
ファウストの『永遠の女性』はわれわれを上に引き揚げました。われわれはいまそこです。われわれは安らいでいます。われわれは現世ではただ憧れ希求することしかできなかったものを、いまは所有しているのです……」

それがその目標到達の唯一の方法なのだ！ 既に自分自身そこの住人である、という単なる理解でなく、そのことを感得することによってである。現世をかくの如く眺める人は、もはやそこの住人ではない。その人は既に上に引き揚げられているからだ。

音楽上の諸問題に関し、マーラーは不断の発展を続けている。確かに第一交響曲は偉大な表現形式の完成を見せてはいる。しかし、余分な音は一切用いず、もっとも遠大な広がりさえ全体にとって不可欠の部分を成し、有機的にぴったり嵌っている例の第六交響曲の表現様式における緊張と簡潔さを考える時、また第八の二つの楽章が前代未聞の長さと幅を有する単一の楽想、即ち、着想、概観、精通が同時的に行なわれた単一の楽想に他ならないということを理解しようとする時、その時、人は、早くも若い頃から信じられないような偉業ができると自分を信じてはいたが、もっともあり得べからざることを現実のものにした、一つの精神力に驚嘆するのである。

それから、『大地の歌』において、もっとも簡潔にしてもっとも精妙な表現形式を彼は突然生み出すことができた。『第八』における無限性とこの作品における現世的な有限性、という点に関しては、もっとも非凡ではあるが理解し得るものである。

彼の『第九』は最も耳馴れない作品である。この作品の中では、作者はもうほとんど個人として語ってはいない。まるで、この作品にはかくれた作者がいて、彼がマーラーを単なる自分の代弁人として使役しているかのように思われかねないのである。この交響曲はもはや個人的な表現の行なわれたものではないのである。それは、いわば動物的な温もりを脱することができ、精神の冷たさの中に寛ぎを感じる者だけが感知するようになる一つの美の、客観的な、ほとんど冷静とまで言えるような陳述から成り立っているのである。

彼の『第十』が（やはり、ベートーベンの場合と同じく、この『第十』のスケッチは現存しているのだが）何について語るつもりだったのかは、ベートーベンやブルックナーの『第十』に関するわれわれの知識と同様に、ほとんど知ることがないだろう。『第九』は一つの極限のように思える。それを超越したいと願う者は死なねばならぬ。まるで『第十』において、未だにわれわれが知る由もなく、未だに迎える覚悟もできていない何かがわれわれに授けられでもしそうな感じである。『第九』を書きおえた人々はあまりに来世に近いところにいすぎたのである。おそらく、この世の謎を知っている人々が一人、もし仮りに『第十』を書くようなことでもあれば、その謎は解けることだろう。ところが、十中八、九そういうことは起り得ないことなのだ。

天才の光がかろうじて間欠的に照らしてくれる闇の中に、われわれは相変らずとどまる運命にあるのだ。われわれは奮戦したりもがいたり、憧れたり願ったりしつづける運命である。しかも、この光がわれわれの許にある限り、われわれはそれを見ることを拒絶される運命である。われわれは目を手に入れてしまうまでは、依然として盲目のままの筈である。目とは未来を見通す目のことである。単なる似たものにすぎない感覚的以上のものを見透し、超感覚的なものを見通す目。われわれの魂をその目としよう。われわれは不死の魂を独力で獲得する義務がある。それはわれわれに約束されているからだ。われわれは未来におけるそれを早くも所有している。われわれはこの未来がわれわれの現在になることを成しとげなければならない。つまり、われわれはこの未来においてのみ生きるのであって、ただの似たものにすぎず、しかも似たものの御多聞に洩れず、不十分でもある現在に生きるのではない、ということである。

そしてまた、天才とは未来である、ということの点こそ天才の天才たる所以である。こういう次第で、天才は現在にとっては無価値である。なぜなら現在と天才とはお互いに関り合うところがひとつとしてないからである。天才とはわれわれの未来である。いつかわれわれが奮闘し抜いて自分の進路を開拓した時、われわれもまたそうなるのだ！　天才が道を照らすと、われわれはそれに従おうと努力する。天才のいる所は、既に光は明るい、それなのにわれわれはこの明るさに耐えることができないのだ。われわれの目は眩み、いままでのところまだ決して真の実在とはいえず、単に現在でしかないようなある一つの実在を見るだけのことである。しかし、より高度の実在が持続していくと、現在は滅びてしまう。未来は永遠であり、従って、より高度の実在、即ち、われわれの不死の魂の実在は未来においてのみ存在するのである。

天才が道を照らすと、われわれはそれに従おうと努力する。本当にわれわれは必要なだけの努力をしているだろうか。われわれは現在にあまりに縛られすぎてはいないだろうか。われわれは従っていくことになるだろう。何故なら、そうすべきだからである。われわれが好むと好まざるとに関らず、である。それはわれわれを引き揚げる。

われわれは従っていかなければならない。

これこそあらゆる偉人の作品と同じく、グスタフ・マーラーの作品がわれわれに語るのを許されたことのように私には思える。それはいままでも何度かわれわれに語られてはきたが、われわれがその意味を完全に把握するためには、まだもっと頻繁にわれわれに語られることが必要だろう。これら偉人の一人が語った後はきまってひどく静かになるものだ。われわれは耳を澄ましてみる。しかし、まもなく生活がまたもやその騒音でわれわれを圧倒してしまうのだ。

マーラーはこの未来についても現在と同じほど啓示することを許されていた、そして、彼がさらに言おうとしたとたん、彼は召されてしまったのである。というのは、まだ完全に鳴りをひそめてしまうべきではなく、まださらに戦いと雑音があるべきだからである。

そしてまたわれわれは、もし目にすれば目が眩んでしまうような光の反射によって、いままで通り輝らし出されることになるのだ。

私はマーラーとその作品のために戦ってきた。しかしながら、私は論証法をほしいままにし、彼の敵たちに対しては苛烈で辛辣な言辞を弄してきた。もし彼がきいてでもいようものなら、彼はにやにや笑いながら、手を振ってそれを斥けたことと思う。なぜなら、彼はもう報復の行なわれないところにいるからだ。

しかしながら、『第十』がまだわれわれに啓示されていない以上、われわれは闘いつづけなければならない。

（原題　Gustav Mahler）

十二音による作曲

I

創造の真の本質を理解するには、神が「光あれ」とのたまう以前には光というものは存在しなかったのだ、ということを知っていなければいけない。光というものが存在しなかったので、全知の神は、その全能だけが呼び起すことのできる光のヴィジョンを抱いていた。

哀れな人間であるわれわれが、創造にたずさわる者として人間仲間のうちの、よりましな部類に属する者について語ろうとする時、創造者とは本当は何であるのか、ということを決して忘れてはいけない。

創造者とは、このようなヴィジョンの前には、かつて存在したことのないなんらかのもののヴィジョンを抱いている者のことである。

更には、創造者とは、彼のこのヴィジョンに生命を吹きこむ力、即ち、それを如実に見せる力を持つ者のことである。

事実、創造者と被造物という概念は神の手本と調和一致するように形成されるべきである。霊感と完成、願望と達成、意欲と成就、これらは自然発生的かつ同時的に生じてくるべきなのである。神の創造にあっては、全ては同時に創り上げられるのであり、あとから完成されるだろうというような項目は絶対にないのである。「光があった」のは同時的かつ究極的完成の姿においてであったのである。

ああ、悲しいことに人間である創造者は、仮りにヴィジョンを授けられたとしても、ヴィジョンと完成の間にある長い小路を旅しなければならない。それはエデンの園を追われたがために、たとえ天才であっても額に汗して収穫を刈りとらねばならない困難な道なのである。

悲しいことにはインスピレイションを生じた瞬間、心にヴィジョンを描くということと、その人のヴィジョンの諸項目が溶け合って一種の有機体になるまで、苦心してそれらを繋ぎ合せて肉体化していくこととは別問題なのである。

そして、ああ、悲しいことに、もしそれが一つの有機体、小人、ロボットなどとなって、しかも一つのヴィジョンの自発性のいくぶんかを所有しているとしたらどうであろうか。従って、この形式が「当事者」に理解され得るメッセージとなるように、それに有機的な形を与える、ということは依然として別問題として残るのである。

Ⅱ

芸術、ことに音楽の表現形式はわかり易さをねらいとしている。一つの楽想とその楽想の展開、そしてそのような楽想の展開が起っていく必然性を耳で追っていくことができる時、満ち足りた聴き手が体験するくつろぎは、心理学的に言うなら美の意識と密接なかかわりを持っている。このように芸術の価値がわかり易さを要求するのは、知的満足のためばかりではなく、感情的満足のためでもある。とはいうものの、創造者が喚起せざるを得ない〝雰囲気〟がどうであれ、まず彼の〝楽想〟が提示されなければならない。

十二音による作曲という方法の狙いは、わかり易さ以外にはない。最近の音楽史上における諸々の出来事から考えると、この技法の目的がわかり易さにあるのだ、などというと、驚くべきことだ、と思われるかも知れない。何故なら、十二音技法で書かれた作品は、構成手段の新しさにもかかわらず、理解を得ることに失敗してきているからである。同時代は最後の審判者ではなく、審判は概して歴史によってくつがえされるものである、ということを仮りにも忘れるようなことがあれば、十二音技法の命運も定まったも同然であると考える人もいるかも知れない。十二音技法は聴く側の者に以前の音楽より多くの困難を強いると思うけれども、作曲する側もやはりこの技法を用いることにより、より多くの困難に直面しなければならないので、この点ではおあいこである。この技法による作曲は、他の作曲家よりもより多くの準備と心がまえができた作曲家だけが、より十分な受け入れの心がまえのできた音楽愛好者のためにのみ行なうべきなのである。

Ⅲ

十二音技法は必要の生み出したものである。この百年間のあいだにハーモニーの概念はクロマティシズムの発達のお蔭で著しく変化してきている。一つの基礎となる音、即ち根音が和音の構成を支配し、和音の連なりを規制するという考え方——それが**調性の概念**であるが——は発展していくとまず**拡大された調性**という概念におもむかざるを得なかった。そして、根音が和音と和声進行のよりどころたる中心の座にいつまでも留まっているべきかどうか、ということがまずは疑わしくなってきた。さらには、曲首や曲尾や、あるいはその他の場所において出現するトニカに構造上の意義が本当に存在するのかどうかも疑わしくなってきた。ワーグナーの和声法は和声の論理と構成力の変革を促進してきた。この結果の一つに、特にドビッシーによって実践された、いわゆる和声の**印象主義的**用法がある。ドビッシーの和声法は構造上の意義を持たず雰囲気や画像を表現する、という色彩効果上の目的に資することが多かった。雰囲気とか画像とかいったものは音楽外のものではあるが、このように音楽の構成要素となって音楽機能の中に組み入れられると、雰囲気や画像といったものは感情面における一種のわかり易さを生み出したのである。このようにして調性は、理論的にはともかく、実際上には早くも王座から引きずり下されてしまったのである。もしこのことだけであったなら、作曲技術上の徹底的変革を惹き起すほどもなかったに違いない。ところが「不協和音の解放」と私が呼んでいるものを究極とする、ある発展が同時に生じた時、作曲技術上の変革は必至となったのである。

耳はおびただしい数の不協和音に徐々に馴れてきているので、不協和音の〝意味を中断する効果〟に対する不安も解消していったのである。人々はもはやワーグナーの行なったような不協和音の予備やR・シュトラウスの行なったような不協和音の解決を求めはしなかったし、ドビッシーの没機能的な和声法や、もっと後期の作曲家達の用いた耳障りな対位法に心を乱されることもなかったのである。このことは、古典派の作曲家達が減七の和音をあたかも全く不協和ではないかのように、どの和音の前にも、あるいはどの和音の次にも、全く自由に連結する、という方法を用い始めたことにも匹敵するような不協和音の自由な取扱いを導き出したのである。

協和音と不協和音を区別するポイントは、美の程度の度合いではなく、実は理解し易さの度合いによるのである。私は自著『和声学』(Harmonielehre, 1922, Universal Edition, Wien) において、或る音を根音として、倍音列中の後から登場する高次倍音ほど根音からみて耳に馴染み難く、ために不協和感がかもし出される、という理論を提出しておいた。

これに従えば、協和音と不協和音、といった鋭く対立した用語は正しくない、ということになる。われわれの耳がより遠隔な協和音——いわゆる不協和音のことである——に、以前より、より馴染んだことによって理解の妨げは徐々に取除かれ、ついには属七のみならず減七を含むすべての副七、増三、といった和音だけではなく、ワーグナー、R・シュトラウス、ムソルグスキー、ドビッシー、マーラー、プッチーニ、レーガー等によって用いられた、もっとも遠い不協和音をも受け入れるようになったのである。

不協和音の解放という術語は不協和音のわかり易さ、ということを意味しており、それはとりも直さず協和音のわかり易さとイコールであると考えられる。このことを前提とした音楽様式にあっては、不協和音をあたかも協和音の如く取扱い、調的中心を否定する。転調の確立を回避することは転調の可能性を否むことである。転調とは既定の調性を捨て**別の調性**を確立する、ということだからである。

一九〇八年頃、私はこの新しい音楽様式による最初の作品を書いているのだが、その後間もなく、私の学生のアントン・フォン・ヴェーベルンとアルバン・ベルクもこのスタイルによる作品を発表している。このスタイルによる作品は、最初から、和声的にはもとより旋律的にも主題的にも動機的にも以前のあらゆる音楽とは異質のものであった。しかるに、これらの音楽は、その創生時から極度な表現性と異常な簡潔性をその最たる特徴としていた。最初は私も私の弟子達も、このスタイルによる音楽が何故このような特徴を持つのか、という理由についてははっきりと意識していなかったのであるが、後に、このスタイルによる曲の特徴である極度の感覚性と異常な短かさを形式感覚によってバランスをとらねばならないような場面に直面した時、私はわれわれの形式感は正しかったことを発見したのである。このように潜在意識的に諸々の結果が一つの新機軸から引き出されてきたのであるが、新機軸というものは全てそうであるように、生み出していくかたわら、同時に破壊もしていくものなのである。従って、この新しいスタイルの作曲法から色彩豊かな和声法が生み出されはしたが、同時に失われたものも多かったのである。

従来においては、和声は美の根源のためにつくしていただけではなく、一層重要なことは、音楽の表現形式を特色づける一つの手段として役立ってもいた。たとえば楽曲の終結部には必ず協和音がくる、といったことなどもその一例である。和声がその諸機能を確立していく場合と浮遊的に諸機能の間を遊歴する場合とでは、違った和声進行が行なわれていた。推移部に用いられる和声進行とコデッタにおいて用いられる和声進行は同じではなかった。変奏技法の一種であるハーモニック・ヴァリエイションといった手法も、和声の基本論理に正当な考慮を払うことによって、はじめて理知的かつ論理的に行なわれることが可能であったのである。

新しいスタイルの音楽においては、当時まだ和音の構成価値が十分に探求されておらず、このような和音によって従前の音楽における和音がはたしてきたような機能――文章構成における句読点の効果、パラグラフへの細分化の効果、章への溶解効果に匹敵するものであるが――をつかさどることは非常に無理なことであった。

このようなわけで、この新しいスタイルによって複雑な構成をもった作品や、非常に長大な規模の楽曲を書くことは不可能ではなかろうか、と最初のうちは考えたのである。しばらくして、私はテキストや詩の語句を辿っていくことによって、より長い音楽形式を構成していくという方法を私は発見した。声部の大きさと形態の相違、キャラクターとムードにおける変化は、作品の大きさ、形態、ダイナミクスとテンポ、フィギュレイションとアーティキュレイション、器楽法とオーケストレイションに反映した。各々の声部は、従来なら和声の調性的かつ構造的機能によって分けられていたように明確に区別されたのである。

Ⅳ

以前、基本《ファンダメンタル》的和音の使用は、理論的には根音進行の効果を認識することによって規制されていた。このことは潜在意識的に働く形式感覚にまで成長し、真の作曲家が形式上の諸要素の中にもっともデリケイトな区別を正しく作り出した時に感じるような、ほとんど夢遊病的とまで言ってよいような安定感を与えたのであった。

保守的であると自称しようが革新的であると叫ぼうが、因習的な書き方をしようが進歩的な技法を用いようが、古いスタイルの模倣に努めようが新しいイデアを表現すべき運命にあろうが——優れた作曲家であろうがなかろうが——とにかく人は自分自身のファンタジーの絶対性を自覚し、自分自身のインスピレイションを信じなければならない。ところが、それにもかかわらず、新しい方法と表現形式を意識的に抑制したいという願望が、どの芸術家の心の中にも生まれてくるものである。そして、「夢を見ている時のような状態」で着想した諸々の形式の裏にある法則や規制を今度は**意識的に**知りたい、と願うのである。夢見るようにして着想されたことは説得力の強いものであったかも知れないが、これらの新しい響きが自然法則とわれわれ人間の思考方法の法則に従うのだ、という信念——順序、論理、わかり易さ、形式などといったものは、このような諸々の法則に従うことなしには存在し得ないのだ、という信念——が作曲家をして無理矢理に探険への道を辿らせるのである。作曲家は、たとえ法則、規則とはいかぬまでも、このようにして現われてきた和音や和声進行の不協和な特性を正当化する論理を見出さなければならないのである。

V

約十二年にもおよぶ幾多の実を結ばなかった試みの後、私は、かつての調性和声による機能区分に代るに適当と思われる音楽構成の新しい方法の基礎作りをすることに成功した。

私はこの新しい方法を「相互の関係のみに依存する十二の音による作曲法」(Methode

des Komponierens mit zwölf Tönen nur aufeinander bezogenen Tönen）と呼んだ。これは十二の異なった音からできた音列を、もっぱら、そしてコンスタントに用いて作曲する、というやり方である。このことは、当然ながら、いったんある音列を使用しはじめたら、その音列中の全ての音を使い終えてしまうまでの間は同一音の反復を行なってはいけない、という意味である。十二音列は如何なる意味においても半音音階とは異質である（原注・このような場合に半音音階《クロマティックスケール》と言わずに半音階《クロマティック》システムという語を用いる人が多いのだが、これは変な間違いというべきである。私がここで言っているのは、メソドではあってもシステムではない。半音階メソドとは予想される定型に規則性を適応する旋法のことである。メソドはシステムの結果となることはできるが、そうする必要は別にないのである。私は半音音階の創始者ではない。過去の誰かが苦心してこしらえあげたものを単に用いているにすぎないのである）。〈譜例1〉に示したのは、このような音列の例である。この音列中にはさまざまな音程が含まれている。このような基礎音列は、音階や調性が持っている楽曲統一機能に代るものとして創り出されたものではあるが、決して音階と呼ぶべきものではないのである。音階は、旋律、旋律の一部、下降したり上昇したりするパッセージ、分散和音、多くのフィギュレイション、といったものを創り出す素材である。基礎音列を形成する諸音はだいたいにおいて音階を形成する諸音がはたすのと同じように音楽を構成する諸要素を創り出す。もちろん、十二音列は、主要和声と副次和声を区別することによって生じるカデンツを創り出

譜例 1

すようなことはめったにしはしないのだが——。
ところが、基礎音列は以前の調性音楽において和声がはたしていた規則と論理に代る、もっと重要な機能をつかさどるのである。即ち、十二音音楽においては、諸音はその進行のしかたや和声との関連づけのしくみが基礎音列によって定められた音の順序に規制されるのである。基礎音列は動機が楽曲中においてはたすのと同じような機能をはたすのであって、このことがそれぞれの作品ごとに、それぞれ異なった基礎音列を創らねばならない理由である。基礎音列こそは最初の創造的思索である。テーマやメロディーのように、基礎音列が楽曲においてただちに姿を現わさねばならないか、というとそれは必ずしもそれほど大きな問題ではない。また基礎音列は、リズムやフレージングや楽曲構成や楽曲の性格や形態によって性格づけられるわけでもない。
基礎音列は何故十二の異なった音から成っていなければいけないのか、何故同じ音はあまり早く反復出現してはまずいのか、何故一つの作品においてはただ一つの基礎音列だけしか存在してはいけないのか——。このようなすべての問題に対する解答が、自分にはだんだんとわかってきたのである。

私は一九一一年に出版した『和声学』の中でこの問題を論じ、同一音をオクターブで重複することは回避するようすすめておいた。（原注・私の最初期の作品においてはまだオクターブ重複のみられるものも残っている。）

（訳注・厳格な十二音技法において同一音の重複が好ましくないことは、シェーンベルクの述べている通りであるが、その後、この技法が発展し、より自由な技法の応用が行なわれるに至り、やがてシェーンベルク自身をも含めて同一音の重複をそれほど問題とはしない、といった手法が用いられるようになっていった。）

重複するということは強調することである。強調された音は根音として、さらにはトニカとしてさえも意識され得る可能性がある。このようなことが起ってくることは避けなければいけない。たとえわずかであっても、かつての調性和声の想い出はわずらわしいのである。何故なら、たとえわずかでも調性を想い出すと継続と結果の誤った期待をいだかせるからである。トニカを用いるのなら、調性との**全て**の関係をわきまえた上でそのルールにのっとって用いなければいけない。さもなければ混乱が生じる。

同時に二つ以上の基礎音列を用いることは避けなければならない。もしこのようなことをすると、一つの音列の次にすぐ別の新しい音列が続くことになり、あまりにも早く同一音が反復出現してしまう、というようなことが起りかねないからである。くり返し言うが、このようなことをすると、反復された音がトニカとして解釈されてしまう危険があるのである。さらには、このような手法は音列技法の持つ利点である統一効果を減じさせてしまう。

歴史が証明しているように、十二音による作曲の方法は理論的にも美学的にも裏づけられている。それどころか、この裏づけこそが、十二音技法を単なる技術的なしくみから科学的理論の域にまで高める役割をはたしたのである。

音楽はほかのアミューズメントとは異なり、音楽詩人——音楽を考える人達——の音楽的思考の表現なのである。このような音楽的思考は人間のロジックの法則にかなっていなければいけない。音楽的思考は人間が知覚し、理由づけ、そして表現することが可能なものの一部なのである。このような仮説のおもむくところ、私は次のような結論に到達した。「**音楽的思考の表出される二つ、あるいはそれ以上の空間はユニットである**」と。

このような音楽的思考は、独立して目と耳にその姿を現わすが、他の言葉と全く関係のない単語がたった一つで存在しても思想を表現することなど不可能であるに決まっているように、これらは互いに協調し合ってはじめてその真の意味が現われてくるものなのである。これらは音楽空間の如何なるポイントにおいても現われてくるが、単にこれらが現われてきたポイントにおいて効果を現わす、というばかりではなく、他の方向と面にもおよび、遠く隔った点においてさえも無影響ではあり得ないのである。

一例をあげれば、あらゆる古典期の作品において、私が名づけているいわゆる「最小音符増加傾向の原則」によるリズムの細分化の効果がみられるのがそれである。

楽想とは、リズム、メロディー、ハーモニーから成り立っているものであるが、決してどれか一つだけが単独に独立して存在しているのではなく、これらの三つが一体となっているものである。楽想の構成要素は部分的には連続する音として水平面と関連しており、また他の一部は同時に響く音として垂直面とかかわり合いをもっている。音相互の関係は音程の連らなりを規制正しいものにし、また、各音の和声への関連づけを規則正しいものにする。リズムは音の連らなりを規則正しいものにし、フレーズを組織化する。このことは、後に示すが、何故基礎音列を全体としてでも、あるいは分割してでも用いることができるのか、ということの説明になる。基礎音列は原型のまま用いられる他に、さまざまな反行型や逆行型ででも用いられる。十九世紀の作曲家達は反行や逆行といった手法を対位法時代の巨匠達ほどには多く用いなかった。少なくとも、対位法時代の巨匠達が行なったほど、意識的にこの手法を用いることはまれであった。しかし、ベートーベンの『弦楽四重奏曲 へ長調』(作品一三五)に見られる次のような作例は、意識的に精密に練り上げられた対位法の好例であろう〔譜例2〕。〝a〟に示した〝Muss es sein〟の旋律は〝b〟においては反行型で現われ、長調に転じている。〝c〟はこの〝b〟の逆行型である。〝d〟は〝c〟が反行した型。〝e〟はこれに経過音が加わったものであり、これが第一主題の

Beethoven, String Quartet, Op.135, 4th movement［ベートーベン『弦楽四重奏曲』(作品 135)］
Introduction

第二フレーズを形成している。

ベートーベンがこのような手法を意識的に行なったのか、あるいは無意識にこのような音を書いたのだろうか、ということはどちらでもよいのであって、私の経験から言えば、このようなことがいわば〝最高司令官からのプレゼント〟として潜在意識的に行なわれることもあるのである。

〈譜例3〉は、私の『室内交響曲　第一番』（作品九）よりの引用である。この曲を作曲してしまってから、私は二つの主題相互の間に明白な関連性の欠如が存在することに気づいて大層心を悩ましたものだった。ただ楽想のほとばしるにまかせ、ただ私自身の楽式感に委ね、作曲中にこのような主題相互の関連性のなさを反省してみることはしなかった。しかしながら、それが私のいつものくせなのだが、作品が完成するや否や、先に述べたような主題相互間の関連性が急に気になりはじめたのである。二つの主題は大層遠く隔ってしまっており、私は一度は殺害者の剣を、つまり検閲官の赤ペンを振り上げたのだった。しかし、さいわいにも私は、最終的には自分のインスピレイションを信じる立場に立って、主題相互の関連性が気になって困る、といった精神的苦悩は無視することにした。

約二十年たった後、私はこの作品における二つの主題の間に存在する真の関連性に気づいたのである。これらの主題相互間における関連性とは、非常にこみ入った意味においてなのであって、私は他の作曲家がはたしてこのような方法で主題を構成することができる

Kammersymphonie, Op. 9.［シェーンベルク『室内交響曲 第1番』(作品9)］

かどうか、すこぶるあやしいものだと思っている。しかし、われわれは無意識でこのようなことを行なうこともあるのである。〝c〟に示したのは、主題を構成する諸音の中で特に重要な音である。これらの諸音の音程関係を調べてみるに、〝d〟に示したようにいずれも上行している。〝e〟は〝d〟を正確に転回したものだが〝f〟に示したように〝b〟にあげた主題の第一フレーズはここから導き出されたものであることは明らかである。前世紀にあってはこのようなやり方は大脳の働きにたよるやり方であり、このような方法で作曲することは天才の威厳をそこねることになるといった考え方が広く行なわれていた、ということは知っておく必要がある。しかし、古典を調べてみればこのような考え方が如何に馬鹿げた考えであるか、ということはたちまち明らかになってしまうのである。しかしまた、このような考え方は先に述べた音楽空間の単位の法則によってもはっきり示されていたはずである。音楽空間の単位の法則をうまくまとめてもう一度次に示そう。

音楽空間の単位は絶対的かつ単一の知覚認知を要求する。この空間においては、バルザックの『セラフィータ』の中に描かれているスウェーデンボルグの天におけるような絶対的な上下も前後も左右もないのである。全ての音楽的配列、即ち音の全ての動きはそれぞれ異なった時間空間に出現する響、即ち変動する振動の相関関係としてまず捉えなければならない。想像的かつ創造的能力にとって、素材領域における諸関係は方向や平面から独立しているものだが、それはちょうど素材物体がその領域でわれわれの知覚力にとってそうであるのと同じである。ちょうどわれわれの心が常にたとえばナイフや瓶や時計を、その位置如何にかかわらず認知し、そしてこれらを想像の中であらゆる可能な位置においても再現することができるように、音楽創造者の心も音列の方向如何にかかわらず、また反行型や逆行型の相互関係を示す方法がどうであっても、音列を無意識に操作することができるのである。

VI

十二音技法は決して作曲のやり方を易しくはしない。むしろ作曲をよりしにくくする。現代の風潮に染った初心者はしばしば必要な技法を修得し終えない前から十二音技法を用いるべきだ、などと考えたりする。しかし、これは大変な間違いである。唯一つの音列のみによって一つの作品を完成しなければならない、という作曲家に課せられた制約はあまりにも苛酷であって、多くの冒険を経て生き残った想像力のみが克服することのできるものである。この技法を用いることによって得られるものは何もない。反対に多くのものが奪われるのである。

新たな作品ごとに新しい基礎音列を創り出さなければならないのだ、ということはよく憶えておかなければいけない。時として基礎音列が熟達した作曲家の予見し得るすべての状況に適するとは限らないような場合が起る。特に基礎音列が一つの主題の形式、キャラクター、フレージングなどにおいて同時に出現する、といった典型的な場合はそうである。このような場合には、音列の音を入れ替えて調整する必要がある。

私は十二音技法を始めて用いて作曲した時、唯一の基礎音列だけによって一つの楽曲を書いていくというやり方は楽曲を単調におち入らせることにはならないのだ、という確信が未だ持てなかった。いったい、たった一つの基礎音列から、性格も異なる複数の主題、フレーズ、動機、センテンス等々を創り出せるだろうか、という疑問を心の片隅から追い出すことはできなかったのである。この時代の私は、楽曲に変化を与える方法として大変混み入った方法を用いていた。しかし、やがてすぐに私はこのような心配は理由のないことである、ということに気づいたのであった。音列技法の使用になれるに従って、より容易に音列から主題を引き出すことができるようになっていったのである。最初の私の予言は立派に証拠づけられたのである。十二音技法によって作曲を行なう場合には、定められた一つの基礎音列に従ってペンを進めなければならないけれども、そこには従来の技法によって作曲を行なうのと同じように自由が存在するのである。

Ⅶ

基礎音列の原型（Origin, Oと略記する）から次の三つの形態が派生する。即ち、

(1)　原形態の転回型（Inversion, Iと略記する）

(2) 原形態の逆行型(Retograde, Rと略記する)
(3) 原形態の転回型の逆行型(Retograde Inversion, RIと略記する)

がそれである。

このような転回型や逆行型の使用は**音楽空間の絶対的かつ単一の知覚の原則**にかかわっている。〈譜例4〉は私の十二音技法による最初期の作品の一つ、「木管五重奏曲」(作品二六)の基礎となっている音列である。

後年、ことにより大規模な作品を作る場合には、私は必要なら最初に考え出した基礎音列に、情況に応じた変更を加えるということを行なうようになった。即ち、たとえばO_1とI_8の相互間において前半の六音を比べてみると共通音が存在しない、というようにあらかじめ設計しておく、というやり方がそれである。

従って、必然的に後半の六音相互間においても共通音は存在しない、ということになる。〈譜例5〉に引用した「木管五重奏曲」(作品二六)の基礎音列はまだこのような条件を満たしていない。この例においては、O_1とI_8の前半の六音を眺めてみると、十個の異なる音が出現しており、「ハ音」と「ロ音」が重複しているのに反して「嬰ヘ音」を欠落している。

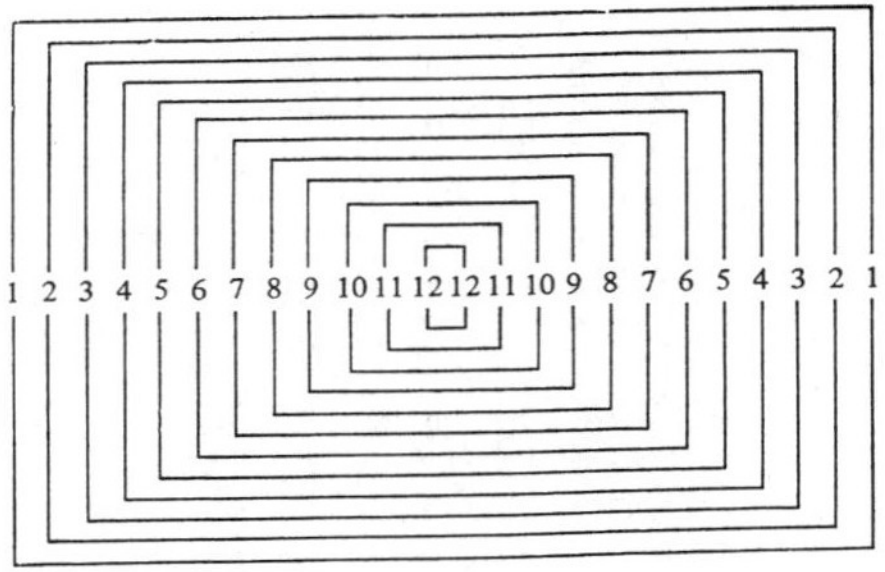

譜例　4

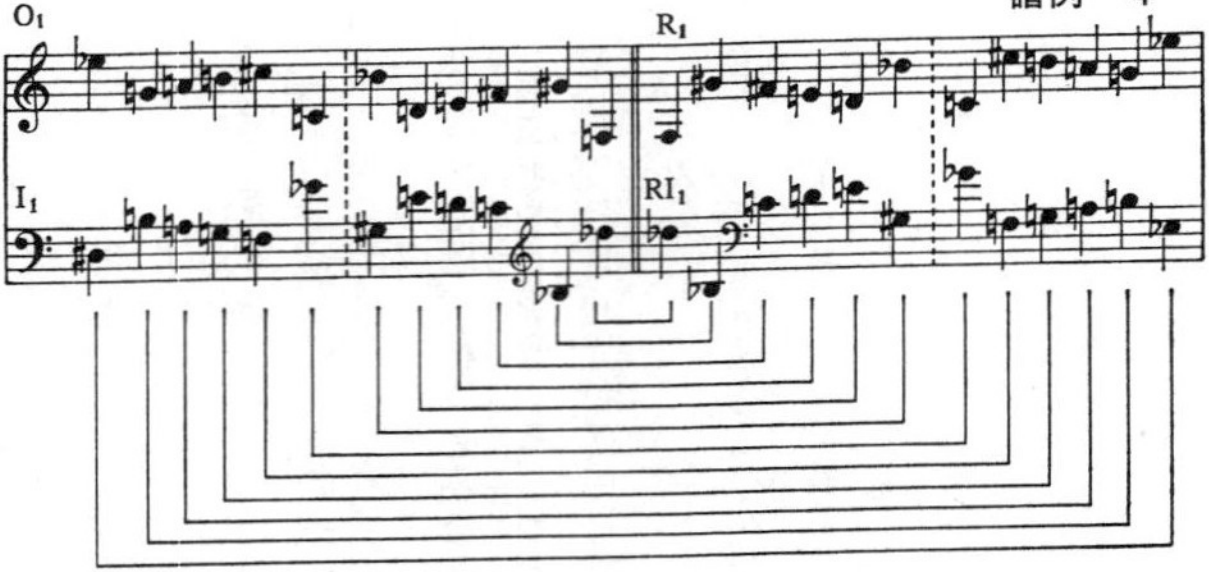

VIII

十二音技法が創造される以前の作品においては、すべて主題や和声は次の三つを素材として構成されていた。即ち、調性、順次に調性の誘導体となっていく基本動機、そして基本動機中に含まれているリズム、がそれである。調性音楽にあっては、作曲家の音楽的思考のすべては中心根音の廻りにしっかりとわかるような方法で結びつけられているに留まっていた。このようなルールが守れていないような作品は素人細工扱いにされてしまうが、また一方、このような手法に固執した作品が〝頭脳的〟であると言われるようなこともなかった。直覚的、本能的にこのような原則に従うことのできる能力こそが才能の自然の状態である、と考えられていた。

十二音列から主題素材を引き出す能力を持っている、ということが作曲科へ入学するための必須条件である、というような日がやがてはやってくるかも知れない。

IX

基礎音列の範囲をこえて、旋律、主題、フレーズ、動機、フィギュアー、和音といったような音楽の構成要素を発展させ得る可能性は無限に存在する。次の章ではこのような発展の可能性を私自身の作品をアナリーゼしながら検討することにしたい。実作品中においいて、基礎音列の音順が厳格に守られている点に注目していただきたい。基礎音列の音順は、たとえばかつての音楽において遠隔変奏が行なわれたのと同じような原理に従って、聴く者が基礎音列に十分なじむ楽曲の後半においては若干の入れ替えを行なうことは許容される。しかし、楽曲の初頭部においてはこのようなことは行なってはならない。

基礎音列はしばしば、たとえば六音ずつの二つのグループにとか、四音ずつの三つのグループにといった具合に、いくつかに分割して用いられる。このように音列を分割して使用するという手法は、音配分に規則性を与えるのに役立つ。このようにすることにより、旋律に使用されている音が器楽法の要求、キャラクターさらには楽曲中に存在するその他の条件からの要求に応えながら、和音や和声として、あるいは伴奏声部として用いられる音と区別できるのである。音の配分はいわゆる私が言う伴奏の動機とでも呼ぶべきやり方で、状況に従って発展させたり変奏したりすることができるのである。

X

作例としてあげるに適したものは非常にたくさんあって、系統的に譜例を並べるというのは困難なことであるので、ここでは随意に作品をとりあげて引用することにしたい。

もっとも単純なものは、主題の一部、あるいは主題の全部が、単にO_1、I_1、R_1、RI_1といった音列のリズム化、フレーズ化されたものから成り立っている、といったケースである。

曲は通常、O_1、I_1、R_1、RI_1といった音列によって開始されるのであって、たとえばO_{11}、R_{11}などといった移置型は、楽曲がすすんだ頃になってはじめて出現するのが普通である。移置型はかつての調性音楽における転調と同じように、副次的楽想を表現する役割をはたすのである。

さきに示したように、〈譜例5〉は私の作品『木管五重奏曲』(作品二六)の基礎となっている音列である。この作品の主題の多くは、単にこれらの四つの音列形態の中の一つの音順をたどっていくことによって形成されていることが多い。

第一楽章の主要主題の第一フレーズはO_1の前半の六つの音から成っており、第二フレーズには同じくO_1の残りの六音が用いられている［譜例6］。この主題に対する伴奏部の構成法に注目されたい。同一音をオクターブで重複することは避けなければならない。音列の構成音を1〜6、7〜12、というように二つのグループに分けて用いる、といった方法はこのような不当な重複を回避する一つのうまいやり方である。

〈譜例7〉は同じ一つの音列から、異なった主題やキャラクターを引き出すことを示す好例であるといえる。

〈譜例8〉は先に引用したロンドの主要主題部よりの引用である。この部分は主題を変奏反復していくための、先にあげたのとはまた違った、新しい手法が用いられている。変奏展開といった手法は比較的大きな楽式、殊にロンド形式において必要であるばかりでなく、

譜例　5

譜例　6

Wind Quintet, Op.26［シェーンベルク『木管五重奏曲』（作品 26）］

譜例　7

Wind quintet［シェーンベルク『木管五重奏曲』（作品 26）］, Rondo（第四楽章［ロンド］）

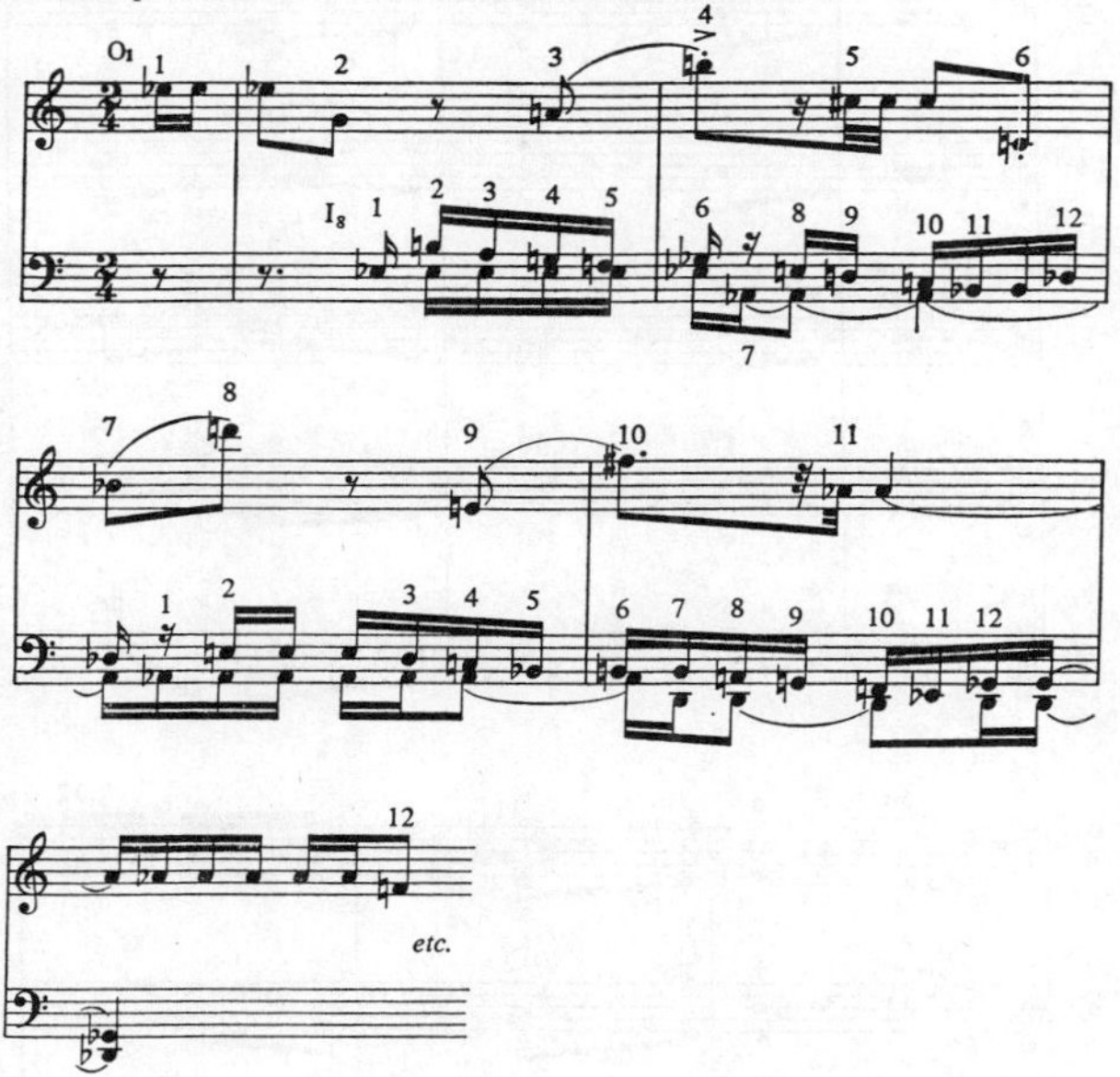

Wind Quintet, Rondo［シェーンベルク『木管五重奏曲』ロンド］　譜例　8

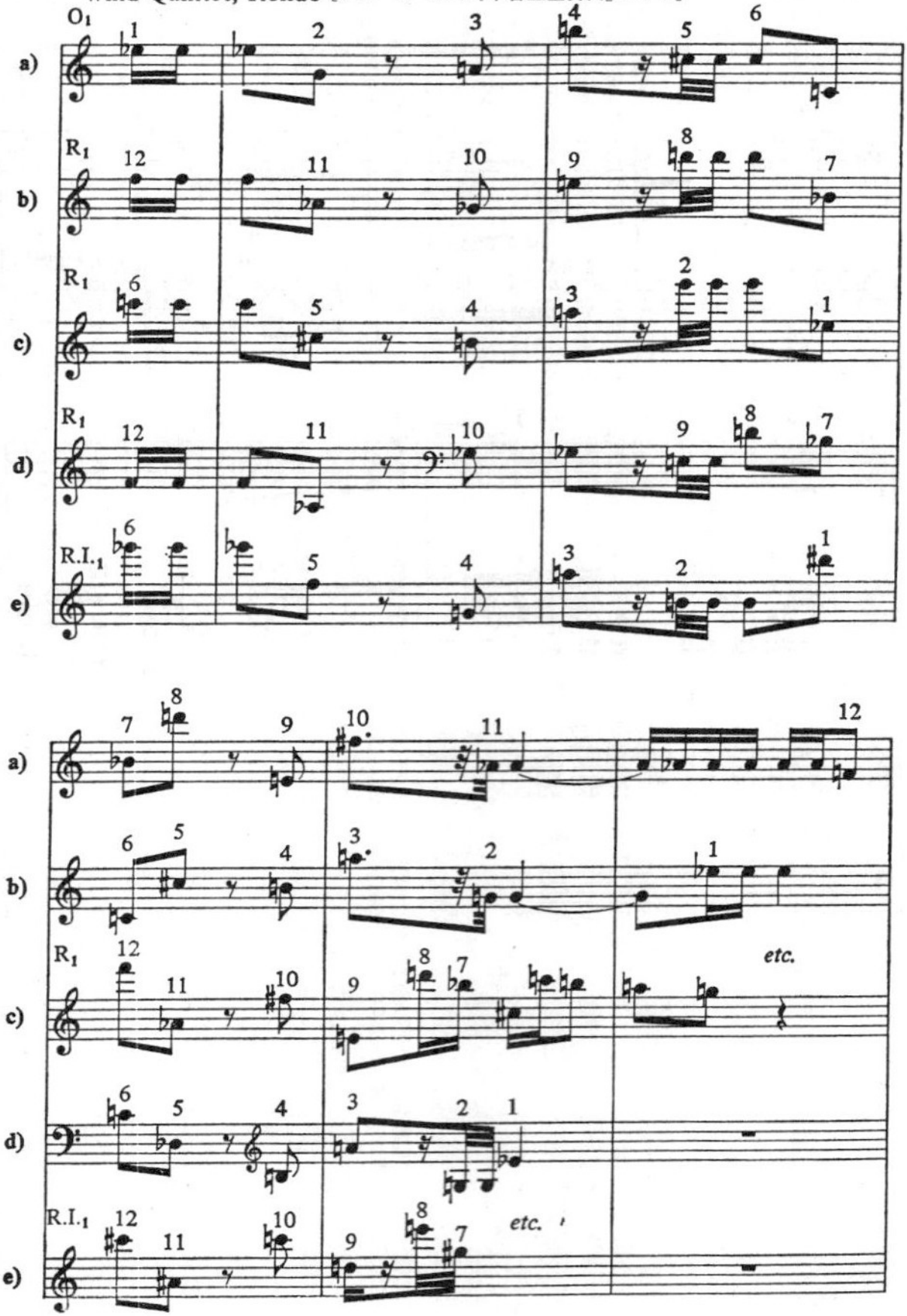

小規模な楽曲においても有効に用いられる。リズムやフレージングは主題の性格をよく保持するので、容易に認識することができ、O、I、R、RIといった手法が可能になってくる。音列を当てていくことによって、音や音程を変化させていくといったいろいろな形態の音列〈譜例9〉に示したのは、ややこみ入った音列の用法例である。

これはやはり同じ曲のロンドからの引用であるが、ここに引用した部分においては、Rを原位置から長二度低く移置した形を三回くり返し使用することによって、副主題の旋律とその伴奏部を作り出すという方法が行なわれている。ファゴットによって奏される主声部は四つのフレーズから成っているが、それぞれのフレーズにおいては三つずつの異なった音が使用されている。伴奏部には六つずつの音が使用されている。フレーズの切れ目と音列の切れ目は同じではなく、互いにオーバーラップしあっている。このような方法により、この部分においては満足のいく変化を生み出すことに成功している。この例や、やはり同じ曲のアンダンテ楽章から引用した次の例［譜例10］においては、音列の用法にはっきりした規則性が存在している。

この部分も音列が三回反復出現している。この部分で用いられている音列はO_1である。ホルンの奏する主声部が音列中のいくつかの音をたどりながら進行していく間、ファゴットが同一音列中の残りの音をひろいながら準対位法的旋律を形成する。

第二楽章スケルツォの主要主題は［譜例11］、O_1の最初の三つの音によって始まる伴奏

Wind Quintet, Rondo ［シェーンベルク『木管五重奏曲』ロンド］

Wind Quintet, Andante ［シェーンベルク『木管五重奏曲』アンダンテ］

Wind Quintet, Scherzo［シェーンベルク『木管五重奏曲』スケルツォ］　譜例　11

譜例　12

Wind Quintet, Scherzo（88−94小節）

部にややおくれて音列O_1の第四番目の音から開始されている。主旋律と伴奏が同一音を用いている箇所もあるが、これらの同一音が決して同時的に鳴り響かないように工夫されていることに注目されたい。

（訳注・第二小節目の旋律部のロ音と伴奏部第四小節目の変ハ音、第六小節目の旋律部のヘ音と第七小節目の伴奏部に出現するヘ音）

〈譜例12〉においてはIとRIがあたかもロンドの展開のようなやり方で対位法的組合せを作っている。

XI

いったん一つの音列を用いはじめたら、音列の全ての音を残さずに使ってしまわなければならない、ということはすでに述べたが、先例からもわかるように、音列の音を消化する方法は、音を旋律として用いても伴奏として用いてもどちらでもよいのである。私の最初の十二音技法による、より大きな作品である『ピアノ組曲』（作品二五）には、このような書法を追求することによって得られる利点がはっきりと現われている〔譜例13AB〕。

（訳注・シェーンベルクは『ピアノ組曲』《作品二五》と『五つのピアノ曲』《作品二三》をほぼ同時に作曲しており、後者は終曲のみが十二音技法によっている。この二つの曲が彼にとっての最初の十二音作品であり、ほぼ同時に平行して作曲されたことは明らかであるが、新しい技法の探究を目ざして模索していたシェーンベルクが実際に十二音技法による作曲を試みて筆を下したのは、このいずれの曲においてであったのかは、いまとなっては不明である、とされている。いずれにせよ、「より大きな……」と彼が言っているのは《作品二五》が《作品二三》に比べてより大きな楽曲であるのでこのように言っているものと考えられる)

私はこの作品を書くに際して、不用意な同一音の重複が起らないよう、細心の注意をはらった。

〈譜例13〉Aに示したのがこの作品の基礎になっている音列およびその移置型である。〈譜例13〉Bはこの作品のプレリュードの冒頭よりの引用である。O_1、I_1に対して移置型(ここでは減五度上への移置型、即ち、O_7、I_7)を用意する、という簡単な準備が不用意なオクターブ重複の心配なしに原形態で主題を形成し、移置型で伴奏部を作り上げる、という方法を可能ならしめている。

〈譜例14〉Aにあげたガヴォットおよび〈譜例14〉Bのインテルメツォに現われている問題についてはすでに前にもふれた。旋律および伴奏部は、それぞれ機能をはたすべく音列中より音を選択しているのであるが、ガヴォットにおいては左手の伴奏部を構成する音列の第9〜12音が右手の旋律部の音列の第5〜8音より先に出現している。このような音順の変更は最初のルールからは逸脱しているのであるが、このようなことは次の二つの理由から正当化され得るのである。第一には、すでに述べたようにガヴォットはこの楽曲の第

譜例　13A

Piano Suite (Op.25)［シェーンベルク『ピアノ組曲』(作品 25)］

譜例　13B

Piano Suite, Op.25, Praeludium［プレリュード］

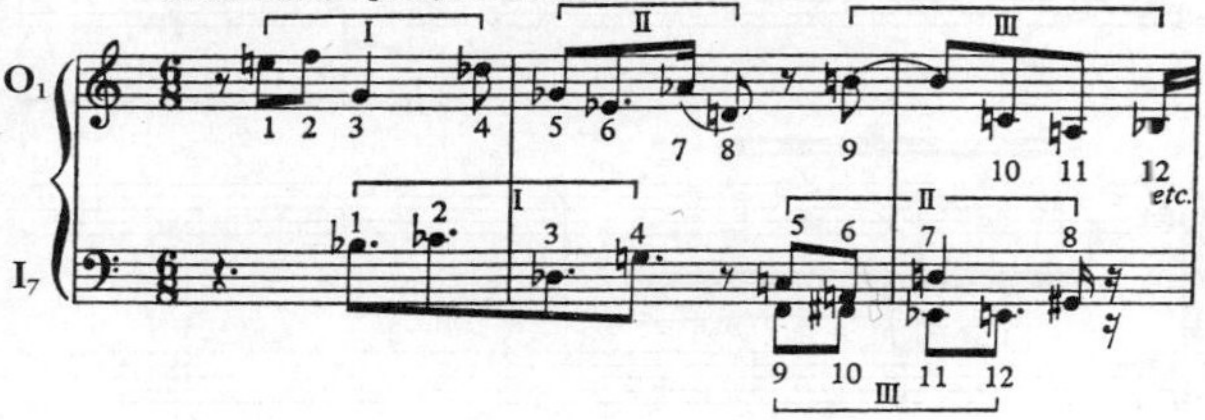

譜例　14A

Piano Suite, Op.25, Gavotte［ガヴォット］

譜例　14B

Piano Suite, Op.25, Intermezzo［インテルメッツォ］

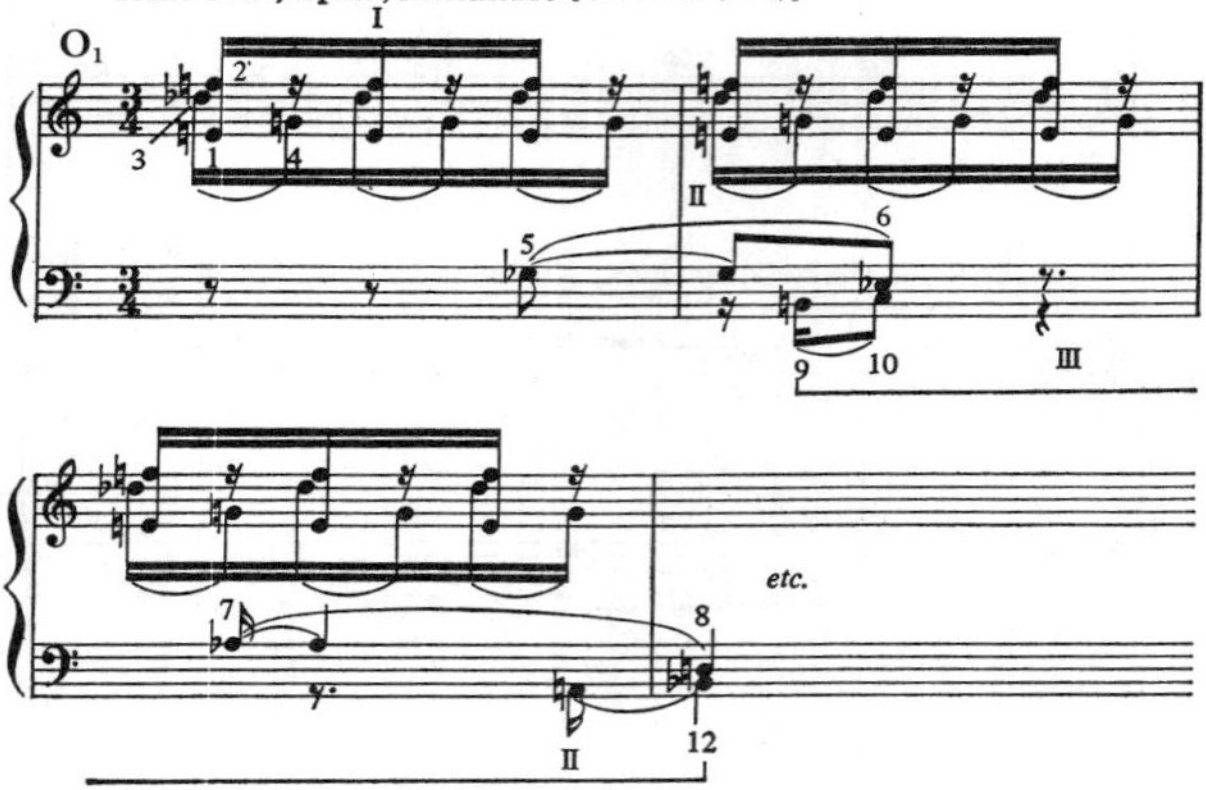

二楽章に当っており、基礎音列がすでに聴く者に十分なじんでいるので或る程度の音順の変更は許される、ということである。第二には、ここで用いられているのは、これもすでに説明してあるが、基礎音列の十二の音を四音ずつの三つのグループに分けて使用する、という手法である、ということである。これらの小グループをあたかも独立した一つの基礎音列であるかのようにみなす、というのがここで採られている考え方なのである。

この曲の場合、このような手法の用いられ得る基礎となっているのは、O_1、O_7、I_1、I_7の四つの音列形態を通じ、音列の第三音と第四音の間が《変ニ↓ト》という減五度または増四度、そして音列の第七音と第八音の間が《嬰ヘ↓ハ》という減五度または増四度になっている、という音程関係における共通性の存在である。〈譜例13〉A参照。このように、機能的に関連性を持ち得る音列の類似性が音群を可交換的にしているのである。

〈譜例15〉Aは同じ作品のメヌエットからの引用であるが、ここでは旋律は音列の第五番目の音から始められており、音列の第一四番目の音は、おくれて開始される伴奏部の冒頭に出現している。このメヌエットのトリオの部分はカノンで書かれている。〈譜例15〉B。音価の異なる音符の混用が不用意な同一音の重複を回避するうえに役立っている。このようなスタイルの曲をアナリーゼする場合、従来、ともすればカノン、模倣、フーガ、フガートといった手法のもたらす効果を過大評価し過ぎてきたきらいがある。もちろん、十二音技法の初心者にとってはこのような場面でオクターブ重複をしないようにする、という

譜例　15A

Piano Suite, Op.25, Menuet［メヌエット］

譜例　15B

Piano Suite, Op.25, MenuetよりTrio

ことは、下手くそな〝調性作曲家〟にとって平行八度を回避するのが難かしいのと同じように困難な作業であるかも知れない。だが〝調性作曲家〟には、声部進行は協和音かさもなければ通常語法の分類に入れてもよいような不協和音へ向って行なわなければいけない、という制約があるように、〝十二のそれぞれ独立した音に基づいて作曲を行なう者〟には「全ては許される」という言葉に象徴されるような、はっきりとした自由が存在するのである。つまり、「全て」は次のような意味に

おいて芸術家には常に許されるということである。即ち、一つには、全てをマスターした芸術家には全てが許されるのであり、もう一つには、何も知らない無知な者は恐れを知らないという意味において全てが許される、ということなのである。ここでいう模倣様式を用いて作曲するということは、従来の対位法による作曲、ということとは同じではないのである。十二音技法においては、模倣様式は主要主題に対してより集中的に主要主題の表現せんとするものを助け得るようなキャラクターを持った主要主題と、あくまで密着した伴奏部や副次声部を附加し得る唯一の方法なのである。

XII

〈譜例16〉Aに示したのは『管弦楽のための変奏曲』（作品三一）の基礎音列である。

管弦楽作品においては当然のことながら、小規模な楽器の組合せより成る作品に比べて多くの声部を取り扱わなければならない。もちろん、このような場合、多くの作曲家はいろいろな方法で和音を重ねたり、分割したり、少数の声部を多くの楽器で重ねたり、あるいはオクターブ重複を行なったり――このような方法は時として音楽内容の表出の妨げとなったり、明瞭さの欠如の原因となったりするが――することによって、多くのパートをより少ない声部として把握するこつを心得ている。多くの場合、オーケストラ的組合せにおいては、いわゆる画家が言う純粋で完全な色の追求といった点において不十分なところにとどまらざるを得ないのはやむを得ないものとされている。訓練されていない幼稚な耳の持主の、個々の楽器の音色を追求したい、といった音色に対する好みが原因で、これまでオーケストラの中に不完全な楽器の存続を許してきた。より成熟した音楽心の持主は、音色に夢中になりそうな誘惑に反抗し、むしろ楽想のはっきり表出する透明性をより好む。同一音のオクターブ重複を回避することは、われわれが〝ソノリティ〟と呼んでいる好ましい響きを作る上に非常に貢献している分散和音を自動的に排除してしまう。

室内楽を楽しむことと室内楽のための曲を書いてみることが私の最初の音楽の勉強だった。この影響は後まで続いており、今日的な影響にもかかわらず、私の管弦楽法は時代を遠く溯った薄手の書法と透明性を残している。

ベストを期待するより常に最悪の事態にそなえておく心がまえを持っている方がよほど利口である。従って、私はこの作品の基礎音列に若干の変更を加え、O_1とI_{10}の相互間において前半の六音を構成する諸音中に共通するものが出ないように工夫しておいた。さらには音列の第十番目の音と第十二番目の音の二重対位法をよりどころにして、三度平行を生み出せるようなしかけを音列にほどこしておいた。O_1を短三度上に移置したO_4およびI_1を短三度下に移置したI_{10}からもまた三度平行が導き出し得る。

〈譜例17〉に示した「第一変奏」にはこのような手法がしばしば用いられている。しかし、その頻度は私がこの曲に着手する前に考えていたほどはしばしばではなかった。しかし、すぐに私はこのような手法の使用が最初の計画どおりの頻繁さであるかどうか、というようなことには気を使う必要はないということを知ったのである。

以下、この楽曲中にみられるその他の特徴ある手法を示すべく楽曲中から任意に引例したが、これらの譜例中には平行三度は一つも見当らない。〈譜例16〉においてはO_1とI_{10}の音を順次にたどることによって構成された導入部の後に変奏の主題が出現する。第一変奏は三部形式によっており、O、R、I、RIの四つの形態の音列が同一音の反復や省略なしに、また音順の変更も行なわれない厳正な形で用いられている。

「第五変奏」の動機はI_1によっている。ここに引用した部分には同一の音列から引き出された六つの独立した声部が存在しているが、この後に続く部分においてもこのような手法が用いられ、満足すべき変化を楽曲に与えている。〈譜例18〉参照。

第六変奏の動機はI_4によっている。ここに引用した部分においては、二つの旋律が一つの音列I_4から適宜音を選択し、対位法的にうまく組合された二声体を作りあげている。

このような音の組合せは、変奏技術上の要求に応え得る多くの形を生むことを可能にする。たとえば〈譜例20〉に示したものは〈譜例19〉に出現した音型を反行させたものであり、〈譜例20〉bに見られるのはカノン的模倣である。

学校で学ぶ歴史は、それが自分に不都合にならないように潤色したり、適当にまとめあげたり、そのように語ったりするような人間の抱いている歴史的、哲学的、道徳的ないし

譜例　16A

Variations, Op.31［『管弦楽のための変奏曲』(作品 31)］　　譜例　16B

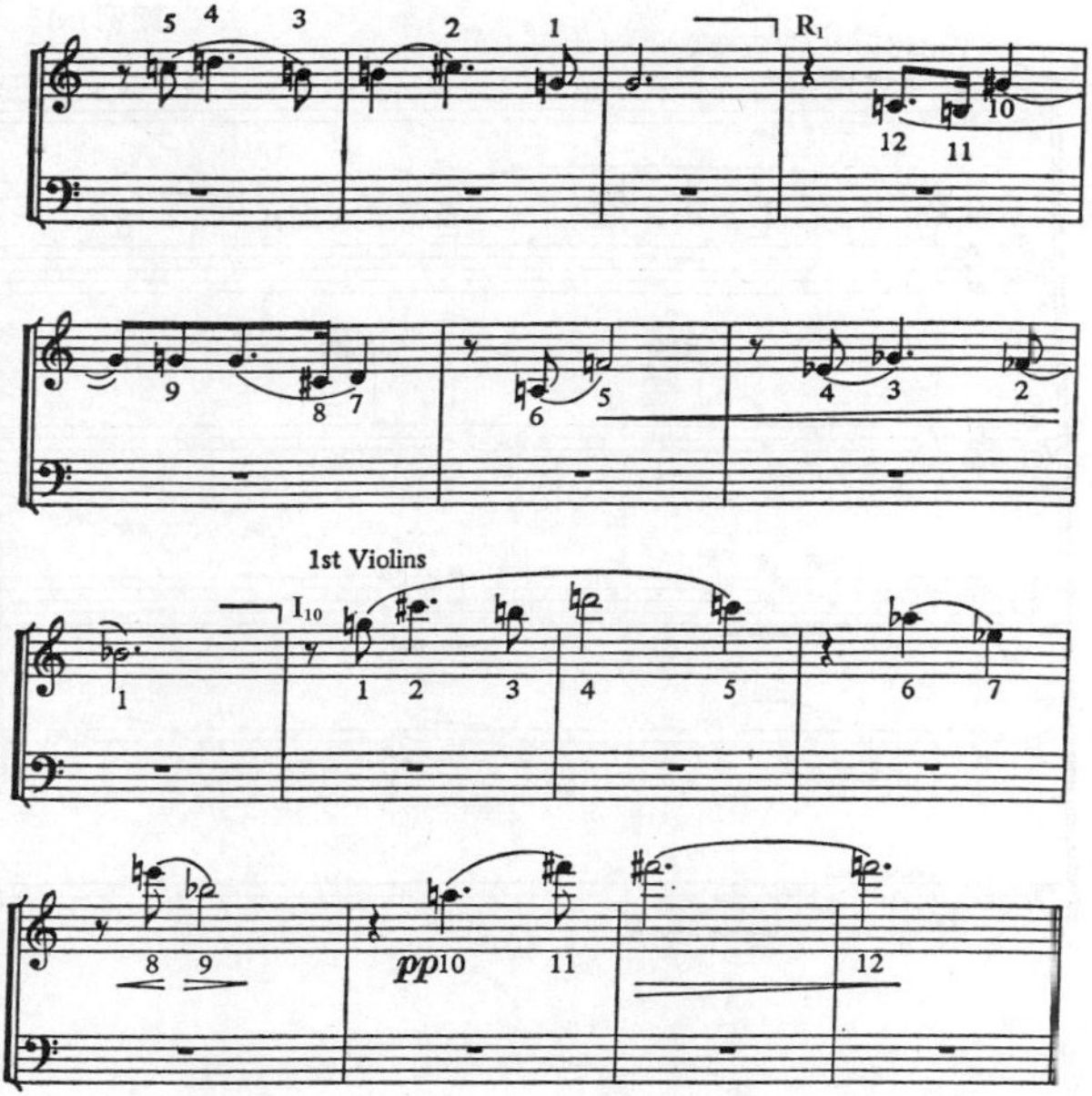

Variation I [第一変奏]

譜例　17

譜例　18

Variation V［第五変奏］

Variation VI［第六変奏］

譜例　19

譜例　20A

Variation VI［第六変奏］

譜例　20B

はその他の信条と抵触しない限りにおいてのみ真実なのである、ということを決して忘れてはいけない。このことは音楽史についても同じことが言えるのである。従って、人から聞いたことは何でも無邪気に信じ込んでしまうような人間は——専門家であろうと門外漢であろうと——無防備であるから「それを受け取る」、つまり与えられるままにそれを受け入れざるを得ないのである。もちろん、彼等の彼等なりの憶測がわれわれの憶測とどんぐりの背くらべであることはわれわれも心得てはいるが。

ところが不幸なことに、現代の歴史家達は過去の歴史を再編するだけでは飽き足らず、現在の歴史もまた自分達が前もって考えている図式の中に嵌め込みたがるのである。このことから、彼等は否応なしに自分達にわかる程度の正確さで事実を描写し、自分達に理解できる程度に事実を判断し、誤った前提から誤った結論を抽き出し、自分達の歪んだイメージの中にしか存在しない未来の朦朧としたヴィジョンを示すことを余儀なくされるのである。

私はX博士とかいう人が「シェーンベルクは〝響〟に無頓着である」というような批評をしているのを聞いて、怒るよりおかしくて仕方がないのである。

かつては高度な音楽の品位ある資質の一つとされていた〝響〟は、腕のよい職人達——即ち管弦楽作家達——が楽想の貧弱さをごまかすための衝立てに利用して以来、その意義は地に堕ちてしまったのである。以前は響は楽想の本質を放射するものとされ、形式という殻を射し貫くに足るほど強力なものであった。自らが光ではないものにどうして光を放射することができようか。楽想のみこそが真の光なのである。

今日では響が楽想と結びつくことは稀である。浅薄な心の持主たちは、楽想を消化することに心をわずらわされることなく、響にだけ注目する。〝簡潔はウィットに不可欠〟であるとすれば、たいていの人々にとって長さは響にとって不可欠であるように思える。人々は響が比較的長時間持続する場合に限って音に気づくからである。

私の音楽においては、楽想が感情的にか構成的にか、あるいはその他の理由で曲り角に来るごとに響が変化するというのは本当である。また、通常よりも急速な音の連続が起るような場合、このような変化がよく起るというのもまさに正しい。従って、このような響の変化を知覚することがさらに困難になる、といったことが起ることを私は認めざるを得ない。第七変奏においては、まさにそのような理解の妨げになるようなことが起っている。しかし、これ以外の種類のソノリティーが私の音楽とは異質である、とするのは正しくない。この部分においては、ソノリティーが急速に変化するので聴く者がエンジョイするのが困難になってくる。ファゴットのパートの音型がしばしば展開する間、和声伴奏部においては急速な楽器の交替が行なわれている。

〈譜例21～24〉においては、非常に多くの主題的キャラクターが唯一つの基礎音列から生み出されていることを示している。さまざまな技法が用いられていることに留意されたい。

Variation VII［第七変奏］ 譜例 21

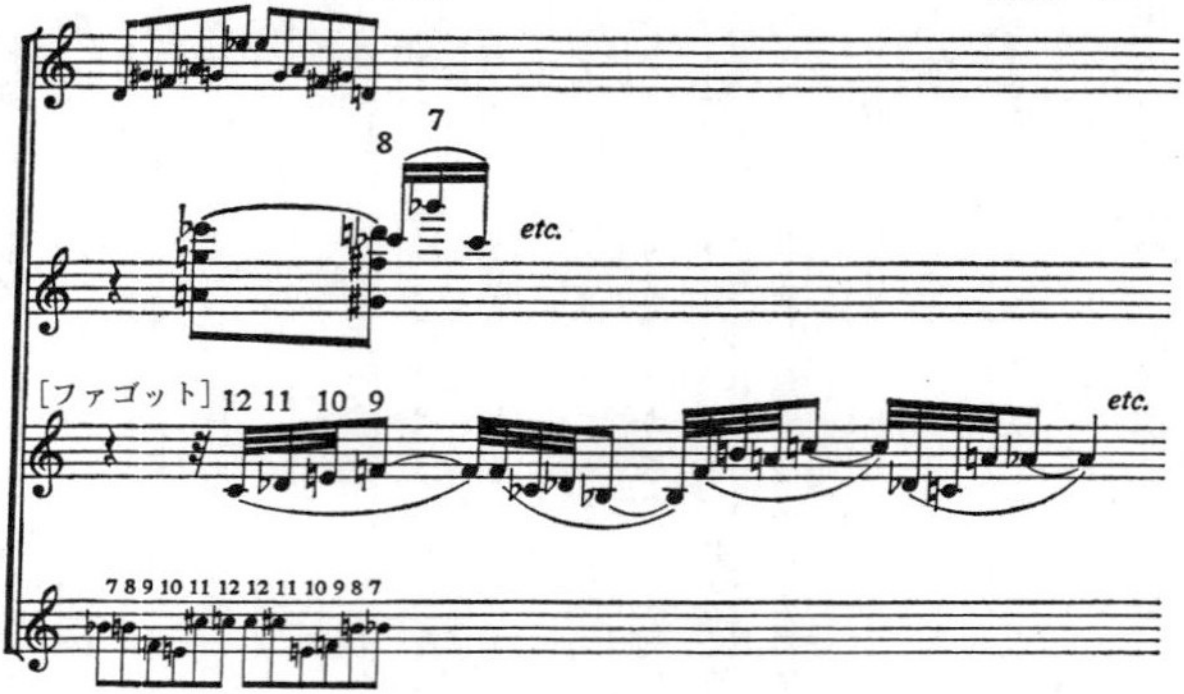

Variation VIII［第八変奏］ 譜例 22

譜例　23

Finale (332小節目)
O1
R1
I10

譜例　24

Finale
III
III
R.I.2
I
II
III
IV
O6
I
II
III
IV

B
A
C
H

〈譜例25〉においては、主要主題の発展に対位法的に付加されている副声部がB、A、C、H音を奏している。これは私のバッハに対する忠誓心の証しである、と御諒承願いたい。

十二音技法を用いて作曲することによって得られる利点の主なものは、楽曲統一が効果的に行なえる、ということである。私はかつて自作のオペラ『今日より明日まで』"Von Heute auf Morgen" に出演する歌手達の練習に立ち合っていた時、つくづくとこのことが正しかったという満足感を味わったものである。歌手達は全員が絶対音感の持主であったのだが、このオペラはどのパートもリズム、イントネイション、技巧、いずれについても極度に難かしいのである。ところが、急に一人の歌手がやって来て言うには、基礎になっている音列にひとたびなじんでしまったら、たちまちリズムもイントネイションもみんな非常に楽になった、というのである。少し間を置いて残りの歌手達も口々に同じことを言うのであった。私は非常にうれしかった。そしてよく考えてみて、次のような仮説の中にこそより私を力づけてくれる真実が含まれているのではないか、と考えたのである。即ち——

ワーグナー以前の音楽はほとんどがそれぞれ独立した小曲の集合から成立しており、その相関関係は音楽的であるとは思えなかった。私自身の音楽観からするならば、偉大な作品が劇的進行の表面的一貫性だけからつなぎあわされている、というように解したくはないのだ。たとえ或るオペラの中で歌われる一つの旋律がその作者のもっとも安直な他の作品から引用された「穴埋め」にすぎないとしても、〝何か〟がこの作曲家の楽式感覚と論理を満足させていたにちがいない、と私は思うのである。われわれにとってそれを発見することは不可能なことであるのかも知れないが、それは厳として存在するのである。音楽にあっては論理を持たない表現形式は一つとして存在せず、また、一貫性のない論理も存在しないのである。

私はワーグナーが「ライトモティーフ」を導入した時――私が基礎音列を導入したのと同じ目的で――「統一あれ」と命じていたに違いない、と信じているのだ。

(原題 Composition with Twelve Tones)

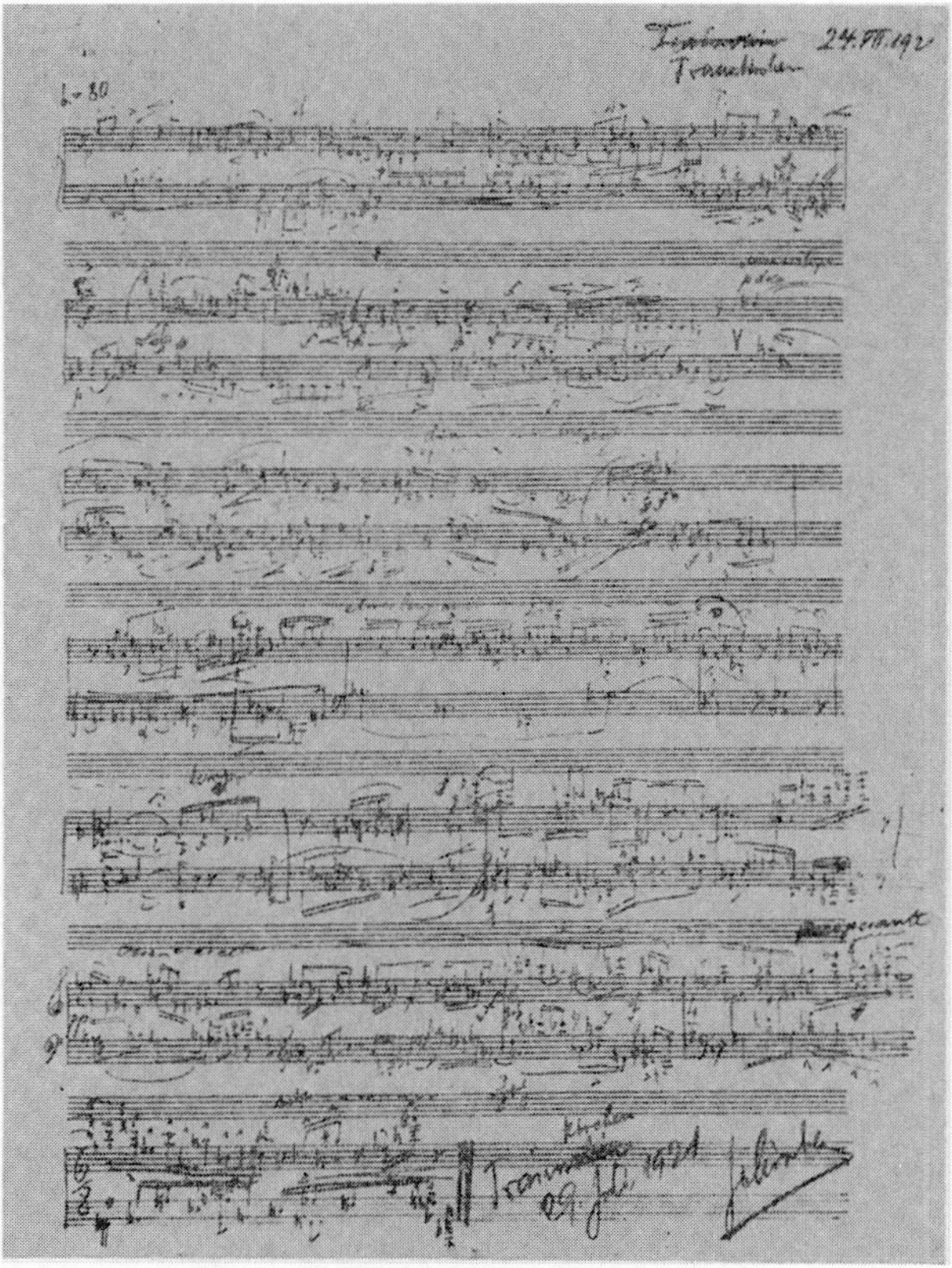

『ピアノ組曲』（作品25）より

音楽における心と理性

バルザックは彼の哲学的な小説『セラフィータ』の中で人物の一人を次のように描写している。《ウィルフレッドは均整のとれた頑丈な体格の三十歳の男だった。彼は他より抜きんでている人間のほとんどがそうであるように、中背だった。胸と肩は広く、首は心が頭に牛耳られている人間の首がみなそうであるように短かかった》。

確かに大脳を使って創造活動を行なっていると思われている人びと――哲学者、科学者、数学者、発明家、理論家、建築家――などは、すべてみずからの感情を抑制して、たとえインスピレイションを受けることはしばしばあっても頭はいつも冷静に保つよう努めるものである。ところが、詩人、画家、音楽家、俳優といった職業の人びとが、自己の感情を大脳によって抑制する、というのは一般に受け入れられない。

二、三十年も前には、詩人、ことに抒情詩人は、髪を長くのばしたり不潔な衣服をまとったりというだけでなく、おつにすましこんだポーズをするのですぐにそれとわかる、というのが通り相場であった。詩人は地味な、単刀直入な言葉を使わずに、考えや事実をすこし曖昧にした、ぼかした表現法を用いるのがよい、とされていたものである。従って、事実や考えは夢から出てきたもののように登場し、読者にただ夢見るようにすすめるのである。

このような考えはもういまでは一般的ではなくなってしまってはいるが、同じような古くさい誤った考え方がいまだに流布している。このような間違った考えの一つに、心と理性の両方が一言ずつ嘴を入れているような作品も例外的にいくつかはあるにはあるが、音楽を構成する資質はその始源から考えて心と頭脳という二つのカテゴリーに入るのだ、という一般的信仰がある。

聴く者がその中に自分の心を認めたいと思うような特質とは、聴き手が、これこそは作曲家の感情から生まれたのだ、と思うような特質——即ち、美しい旋律、美しいフレーズ、美しい(あるいはすくなくとも快い、とだけは言える)響き、美しい和声などである。

ダイナミクスの対比、テンポの変化、アクセントづけ、リズムの特徴、構成の見事さ(これは、とりわけそうだが)——のような心を暖かにするという点に関してはより少なく貢献している方の特質は、心と頭脳の協同作業で創り出されたかのように見えるのだが、聴く者の感情にはそれほど訴えなくても聴く者の関心を呼び起こすことはできるのであって、むしろ「興味」の範疇に仕分けをするのがよいだろう。

これ以外のものは聴く者の感情に訴えたり興味を呼び起したりすることはあまりない。しかし、にもかかわらず、これ以外のものによって聴く者が胸をおどらせられるようなことがあるとするならば、それは畏敬の念によるものであろう。畏敬の念がわれわれの関心や感情をコントロールしているのである。対位法や対位法的スタイルは絶対に頭脳的産物である。対位法や対位法的書法は最高に評価もされようが、美しさの魅力が聴く人の心を誘いこんでいく夢の温もりをぶちこわさない限りにおいて許されるものなのである。

真の作曲家が作曲する理由は唯一つ――それが自分自身楽しいから――であると私は信じている。他人を楽しませてやろうと思ってペンをとったり、聴衆のことが常に心から離れない、というような者は真の芸術家ではない。このような人々は、気に入ってくれる人がいようといまいと、また、たとえ本人の自分からしてそれが嫌いであっても、何かを言わずにはおれない、といったタイプの人間ではない。このような人達は、まさに生まれ出ようとしている創造の内からの圧力を和らげるために扉を開かずにはおられない、といった〝創作する者〟とは違うのである。彼等は聴いてくれる人がいなければ作曲をあきらめてしまうような、単なる筆達者な職人にすぎないのである。

真の作曲家による真の作品は、ありとあらゆる種類の印象をそれとねらわずとも生み出していく。

本当の作曲家なら、機知にあふれたリズム、興味深い和声、凝った楽式、複雑な対位法――こういったものを、まるで手紙を書くのと同じようにすらすらと書いていくものである。兵舎で開かれるパーティのために私が作曲しているのを見て、戦友は「シェーンベルクは手紙を書くような速さで作曲をする」と驚いたものだ。この時私の書いた音楽が非常に美しい作品であったかどうか、というようなことは実はどうでもよい。何故なら、手紙を書くのは作曲するのと同じくらい時間がかかることが多いからである。私自身について言えば、〝頭脳の働きによる〟対位法であろうと〝自然発生的な〟旋律であろうと、とにかく一般的には非常に速筆の部類に属するタイプである。

私の青年時代の友人達は、たいてい筆の速い人達であった。ツェムリンスキー（訳注・Alexander von Zemlinsky（1872～1942）クレンペラー、ワルターなどと共にウィーン国立オペラの指揮者として活動すると共に作曲活動を行なった。シェーンベルクの唯一の師であり、その妹はシェーンベルクの最初の妻となった）は多くのオペラを作曲して大当りをとった作曲家であるが、ウィーンの国立音楽院で作曲を学んでいる間に、後年彼が賞を取ったピアノコンチェルトの作曲をはじめていた。彼は学生時代、生活が楽ではなかったのでピアノの生徒を何人も持たねばならなかったが、常に自分の時間を合理的に使う工夫を忘れなかった。彼はよくピアノの練習と作曲を交互にしたものだ。楽譜を一ページ書くとインクの乾くまで次を待たなければならない。彼がピアノの練習に費すことができたのはこの時間だけであった。何という多忙な人生であろう！

一般的には、ソナタの一楽章を書き上げるのに必要な日数は一週間ぐらいだろう、といわれている。私は一週間で弦楽四重奏曲の四楽章全部を書き上げた経験がある。私なら声楽とピアノのための曲を一曲作るというのなら、一時間から三時間というのがまずはふつうの所用時間である。——もしも運悪くすごく長ったらしい詩にぶつかれば三時間も必要であろう、というところか。

私は『弦楽四重奏曲　第二番』（作品一〇）の第二楽章と第四楽章の四分の三をそれぞれ一日半ずつで書き上げたものだ。モノドラマ『期待』（作品一七）の半時間分のスコアを十四日間で書き上げたこともあったし、『ピエロ　リュネール』（作品二一）や『架空庭園の書』（作品一五）の二、三曲を一日で書き上げたこともあった。このような例は私にとっては決してめずらしいことではないのである。

だから私が『清められた夜』（作品四）の中のある一小節を書くために一時間も費さねばならなかったことがある、と告白すれば、皆さんは私がこのことを私の友人達に告白したとき、彼等が驚いたのと同じように驚くに違いない。事実、私は全部で四百十五小節から成るこの曲全部を三週間で書き上げており、この小節だけに一時間もの時間を費してしまったのである。事実、この小節の構成はいささか複雑になっている。即ち、ポスト　ワグネリアン（訳注・ワーグナーの影響を強く受けたワーグナーに続く世代の作曲家達を指す。ブルックナー、マーラー、レーガー、シェーンベルクの初期がそれである。）の信条にもとづき、

［シェーンベルク『清められた夜』］　譜例　1

詩の背後にある思想に表現を与え、その目的を達成するための最良の方法としてライトモティーフおよびその転回型を複雑な対位法で組合せるという手法を最適の手段であると考えて適用したのであった［譜例1］。

このように動機を対位法的に組合せていく、という作業はインスピレイションの働きによって自然発生的に行なわれるのではなく、音楽以外の概念、即ち、大脳反射の産物として行なわれるものである。主要主題に、耳障りな音程の出現の回避を考えながら副次声部を組合せていく、といった技術的な作業にこれ程の時間がかかったのである。

作曲している最中に、作者をしてそのような冒険を試みてやろう、という気持を起させるような新しい事態が起ってくることはしょっちゅうである。その中でもっとも多いのは、芸術上の野心や名誉心が頭をもたげてくることである。芸術家が自己の芸術的思想即ち、楽想に心底から磨きをかけようとする努力に対しては、このため作者にとって仕事がいっそう困難になっても、また聴く側にとってはその作品がいっそう理解し難いものになってしまったとしても——ともかく、〝大脳の働き〟を通じることによって表面上の美が喪失してしまったとしても非難してはいけないのである。芸術家というものは、仮りに湧き起ってきたインスピレイションによってやむにやまれず創作を始めた、というような形ではないような場合でも創作に失敗するとは限らないからである。ひとたび創作が始まるとインスピレイションが後から自然に湧いてきて作者を助けてくれる、ということが非常に多いからである。

作曲家が如何なる改良の余地もない完璧な旋律を一気呵成に書き下す、といったことはよくあることである。私にもそのような経験はしばしばなのであって、たとえば『弦楽四重奏曲 第二番』の中の次の旋律はこのように一気に書き下されたものである。(〈譜例参照〉[譜例2])

『第一室内交響曲』(作品九)はインスピレイションのおもむくまま作曲に着手したのは確かだった。私の心にはこの作品全体のヴィジョンが浮んでいた(むろん、細部にいたるまで、というわけではなく、その主な形や特徴をぼんやりと、という意味でだが)。ところが、副次主題のいくつかについては一気に書き上げることができたものの、曲の開始部

Langsam Halbe
Ich lö - se mich in tö - nen, krei - send,
we - bend un - grün-di-gen danke und un - be-nam - ten
60

譜例　2B

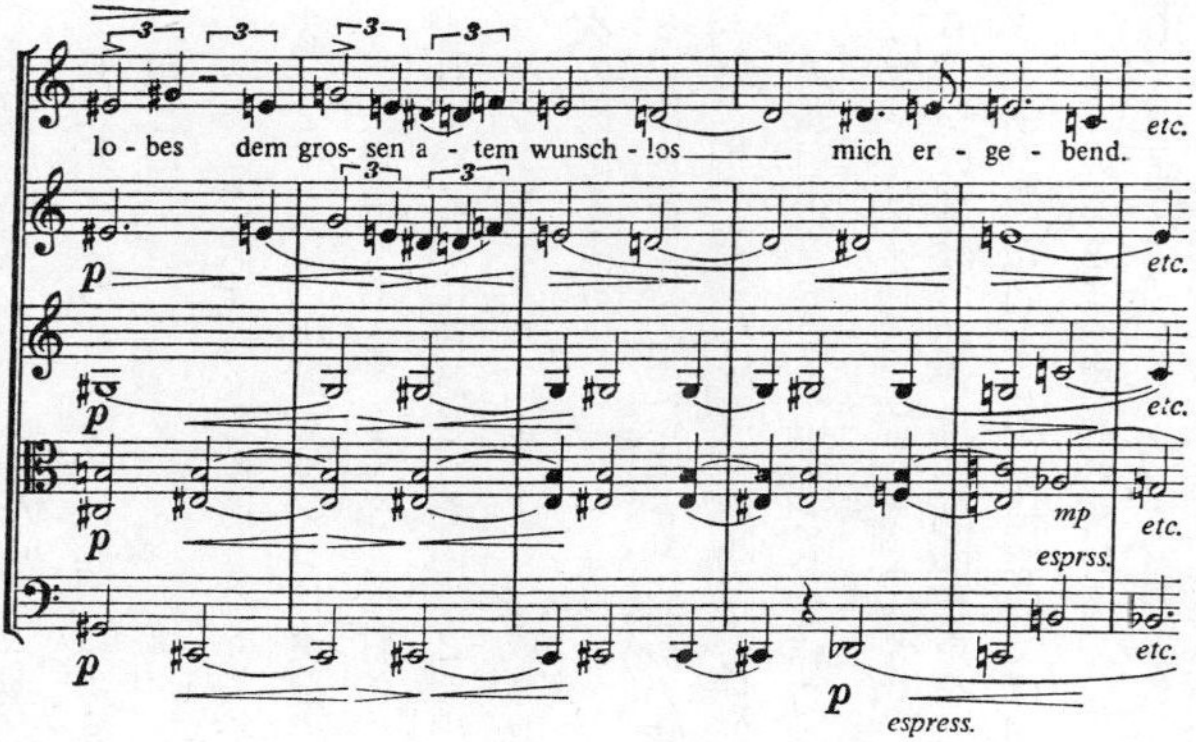

の最終稿を決定するまでには大変な苦労をしたのであった。最初に頭に浮んできた楽想に改良を加えて自分で満足のいく形にまとめていった過程を次に公開しよう［譜例3］。

1、Aに示した音型は、まず最初のリズム的、旋律的形態である。その後の検討の中においても、この最初の音型は最後まで中心楽想として残されることになった。

Bは、Aを受け次への継続が試みられている部分である。リズム的には非常なアンバランスが目立つが、一つの新しいリズム型の発生が行なわれた。このリズム型はその後の検討においても捨てられることなく活用された。（B'参照）

2、ここで初めて、嬰ト→嬰イ→嬰ロ→ニ……という長二度上昇音型が姿を見せた。しかし4に示した決定版と比べると、より幅広いゆったりとしたリズム型が考えられていた。

Cに示すように、1の段階では考えられていなかった三連音符による音型が初めて出現した。

3および決定版4と参照しながら検討されたい。
3、2にさらに検討を加え、伴奏部の作製が開始されたさまを示している。
4、決定稿である。1〜3で検討され、心に浮べられた楽想が、バランスよくまとめられている点に留意されたい。2で出現した長二度上昇音型の縮小のほかにも、全体のバランスをとり、よりよく完成されるための検討があちこちに加えられている。
次の例をみよう。
5、決定稿[10]中に定着した四つの特徴的なことがらが既に初稿の段階で頭に浮んでいた。[aに示した旋律形は四つの音符より成っているが、ただちに次に発展し、この時は五番目の音〃A〃が附加されている。〈bで示された部分にはシンコペートされたリズムが見られる。[cで示した部分にはc→dという特徴的な短九度音程の飛躍がみられる。
6、※の部分の和声は四度圏和声を基礎としている。
7〜9、最初の$4\frac{1}{2}$小節においては同じ型を守りながら、続きの部分をいろいろと検討しているさまが表われている。
10、決定稿。

1.
A
B
2.
B′
※C
3.
B′
※C′
決定稿
4.
※C′
B′
C′
B′
B′
5.
a
b
c
※
6.
a1
b
c
※
7.
a1
b
c
※

8.

9.

決定稿

10.

（訳注・シェーンベルクの原文の楽曲分析はあまりにも簡略で、意の伝わり難い点があるので、訳者による加筆が行なわれた）

これらのケースのいずれをとってみても、こみ入った問題は存在しない。先に例としてあげた『清められた夜』の中の譜例に見られるような、対位法的関係から調整を必要とする、というような声部の組合せは一つもないのである。最初のスケッチを考えてみても、和声進行のコントロールを考えねばならないような箇所は存在しないし、曲首からむしろ十分すぎるほどの動機的音型とそれから派生した音型が手近に存在するので、やらねばならぬことは平均的なレベルの聴衆が後に続く部分を十分理解できる程度に、前に置かれた部分を十分憶えておけるように楽想の展開をおくらせる、ということだけであった。キャラクター、テンポ、発想、和声進行、動機内容が遠心的傾向を示している主題を一定の範囲内にしっかりとつなぎとめておき、そのバランスをとること――これがここで行なわねばならない作業だったのである。このような作業を行なう場合に直面しなければならない困難を、このようなテーマではない他のたいていのテーマを思いつく場合の易しさと比べると、ほかの場合にならあり得ないようなことではあるが、インスピレイションが完全な形のプレゼントを作曲家にしてくれることもあるのだ、という結論が引き出されかねない。いずれにせよ、完全の妨げとなったのが複雑さでもなければ、誤ったのが心でもなく、また頭脳が調整を行なったのでもなかったのである。

このようにテーマが自然発生的に着想され、修整されることもなく書き進められた場合どのようになるかを知ってもらうため、次に『室内交響曲』よりの引例も行なおう［譜例4］。

このほかにも心と頭脳、インスピレイションと労力のいずれが加担しているのかはっきりしなくなるようなことはあり得る。

約四十年も前のことである。私は『弦楽四重奏曲　第一番』（作品七）を作曲中だった。朝、散歩しながら心の中で四十小節～八十小節位を細部にいたるまで完全に心の中に画いておいて、あとで清書するというやり方で作曲を続けていた。私は八十小節にも及ぶ大きなセクションを心に浮べた記憶をたどりながら楽譜に定着させていくのに、ほんの二、三時間しか、かからなかった（筆の速い写譜屋でも、もっと時間がかかると思うのだが）。このようにして書き上げた八十小節ほどから成るセクションより、いくつかの例［譜例(A)～(F)］をあげてこの楽曲のこみ入った複雑性を解明してみよう。

〈譜例(A)〉はこの曲の第一〇〇～一〇四小節目からの引用であるが、第一〇〇～一〇三小節目においては第一バイオリンが主旋律を奏している。

第一〇七～一一〇小節目においては再びバイオリンが主旋律を奏し〈譜例(B)〉、そして同じ旋律はいま一度、第一四〇～一四三小節目［後出Hより数えて第四十～四十三小節目］に反復出現する〈譜例(C)〉。この三つを比べてみて気づくのは旋律に対する和声づけ、伴奏形態、終止法がそれぞれ異なっているということである。第一回目には終止は二短調に行なわれ、第二回目の終止は二長調上になされている。そして第三回目においては変ニ長調のトニカへの終止が行なわれているのである。第一〇三〜一〇四小節目に出現するピッチカート音型はこの曲のスケルツォの部分の主題の一部が非常に変形された形で用いられたものである。Hの後から数えて第一〜十一小節目においてはピッチカート音型は主要主題の伴奏を受け持っている〈譜例(D)〉。〈譜例(E)〉に示した第四十三〜四十六小節目（Hの後より数えて）においては〈譜例(D)〉に示した音型の変形が行なわれている。〈譜例(F)〉における各声部の独立性を尊重した書き方に注目のこと。

同じく第六十三〜七十小節（Hより数えて）についても検討してみるがよい。この曲においてはこの他にも対位法的に複雑に組合わされてできているような箇所が数多く存在する。これらのセクションはこみ入っている、としか言いようのないテクスチャーで構成されているのである。

こみ入った対位法を仕上げるのは大脳を用いての作業であり、旋律を生み出すという作業は自然発生的な行為である、と信じているのなら、大脳の所産による作業の方が自然発生的な感情によって生み出される行為よりもすばやく行なわれるに違いない、と結論せざるを得ないのではなかろうか。だが、これは大変に間違った考えである。何故なら、いずれも他方に劣らないだけの努力が要求されるからである。大変に苦労しなければならない

81
Fl.
Ob.
E.H.
in D.
Kl.
in A.
Bkl.
in A.
Fg.
Kfg.
Hrn.
in F.
1. Vl.
2. Vl.
in D.
Br.
in D.
Vlc.
in D.
Kb.
in D.
fp
pp
p
mf
Dämpfer aufsetzen
pizz.
81

譜例　4

Kammersymphonie［『室内交響楽』］, Adagio, Theme

［シェーンベルク『弦楽四重奏曲第一番』作品7より］

(A)

(B)

(C)

か、あるいはそのような必要はないか、といったことはわれわれではどうしようもない状況に左右されて決まるのである。だが、ただ一つ少なくとも私にとってだけは確かなことがある。それは、インスピレイションなしにはそのいずれをも成就しようとしてもできないだろう、ということである。私にしても、たとえば大学二年生に宿題でやらせる極めて単純な二声対位法の範例が作れない時があるのである。このような学習者向けの作例を作るのに私はインスピレイションの助けが必要である。この点ではインスピレイションが湧いてこようがこまいが、よい旋律や悪い対位法やらをどしどし書いて次の週に持ってくる私の弟子の方が私より遥かに有能である、と言える。

しかしながら、ブラームス党の枠内で教育を受けてきた私は（私はブラームスが歿した時は二十二歳を少し出たばかりだった）、他の人々の御多聞に洩れず、「作曲する気の起らない時はフーガでも作ることにし

Sehr surükhaltend. Etwas langsamer
(E)
Bascher, heftig.
(F)
etc.

ている」という彼の言葉に従ったものだった。ブラームスは残念なことに出版する価値なし、と自分で判断したものは、片っぱしから破棄処分にしてしまったのである。これは真に遺憾なことであった。何故なら、もしブラームスのように良心的な人の創造の現場を覗くことが許されたなら、われわれは極めて有益な学ぶべきことを発見したに違いないからである。ブラームスの創作の生々しい実際を見れば、彼が予見した結論を導き出すため、基本動機を設定するのに彼がどれほど多くの努力を払っていたかがわかるに違いない。「優れたテーマは天からさずかるものである」と彼はよく言っていた。そして「それを所有するためには、それに値するようなことをせよ」というゲーテの言葉を結論とするのが常であった。

ただ一つ、確実に言えることがある。それは、ブラームスの精神的訓練はたしかに生易しいものではなかった、ということである。彼は日曜日になるときまって友人達をさそってヴィーネルヴァルトまで遠出をしたものだが、その時、彼は必ず友人達はそれを解くのに数時間もかけねばならなかったような《謎のカノン》を用意するのが常であったという。私もひとつ、このような難解なカノンを解いてやろう、と考えた。たとえば〈譜例5〉のような代物を、である。このカノンは大変な苦労をしなければ解けないに違いない。何故なら、私はこのカノンを解こうとしても私の心は自然と拒絶反応を起してしまうのだから。

このような対位法に取り組むことの目的は、音楽を創造することではなく、単なる訓練

譜例 6

弦楽のための鏡像カノン

にすぎないとしても、私がかつて『弦楽四重奏のための鏡像カノン』を一時間ばかりを費して作り上げた時には、インスピレーションのおもむくままに書き続けたか、少なくともよい気分になって作曲を続けていたに違いないのである。〈譜例6〉

だが、このようなカノンを書く時の私がよりどころにしていたインスピレイションは、『弦楽四重奏曲第一番』のアダジオの部分〈譜例7〉参照）の旋律を生み出したのと同じたぐい

譜例　7

Schönberg: String Quartet No. 1, Adagio［シェーンベルク『弦楽四重奏曲第一番』］

のインスピレーションでは決してなかった。

私の後期の作品の旋律、ことに十二音技法によっている作品の旋律を披瀝する必要があるように思う。十二音技法を提唱したおかげで、私は技師、数学者、建設業者などと呼ばれてしまったり、十二音技法による作品には人間らしい心が少しも通っていないとか、専ら頭脳だけで作り出された産物であるとか言う者がいるからである。〈譜例8〉は『ピアノ協奏曲』（作品四二）の曲首の部分の引用である。

偏見のない音楽家なら、私の最近作の中にはこのような旋律が多く存在していることを容易に見出すに違いない。たとえば次にあげる『弦楽四重奏曲第三番』（作品三〇）〈譜例9〉の第三楽章［および、譜例10］をみよ。

自分自身が好いているものだけを発表することが作曲家の義務である、とは言わないとしても、少なくとも自分の作ったテーマを好きになる資格ぐらいはある

p sehrausdr.
etwas zurückhaltend rit.
f
pp
p

cresc.
p
f
pp
pp

譜例　8

Schönberg: Piano Concerto ［シェーンベルク『ピアノ協奏曲』作品 42］

[シェーベルク『弦楽四重奏第三番』作品30. 第三楽章]

譜例　10

［シェーベルク『バイオリン協奏曲』アンダンテ・グラツィオーソ］

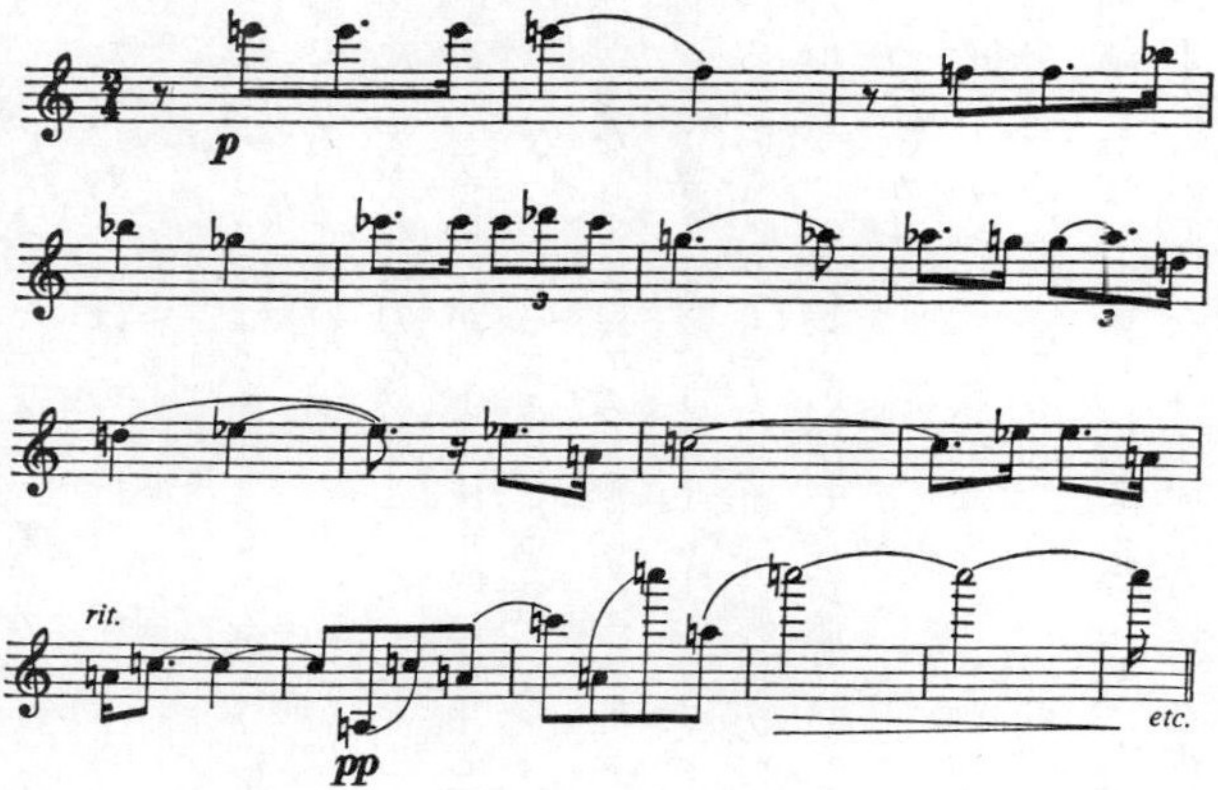

と考え、私はここに、美しくはないにしても優れていると自分で考えている自作の旋律、テーマ、セクションを提示したわけである。これらのうちのあるものは苦労せずに心に浮んだし、またあるものの創作課程は複雑であった。だが、複雑なものは非常な努力が必要であり、単純なものはきまって容易に創作できた、とするのは正しくない。また、これらの譜例が自然発生的な感情から生まれてきたものか、大脳の努力によって生み出されたのかによって違いがでている、と偽わるわけにもいかない。

不幸にして、古典の巨匠達がいろいろな異なった作品を仕上げるについてより多くの努力をしたとか、より少ない苦労ですんだとかいった点を問題にして騒ぎたてた、という記録は全く残っていない。恐らく彼等はベートーベンのスケッチ・ブックからしのばれるように、大変な努力をしながら書いていったか、あるいはそうではなくすらすらと書き上げていったかのどちらかであるに違いない。

ところが一つだけはっきりしているように思えることがある。それは、その究極的様相が単純であろうと複雑であろうと、あるいは短時間のあいだにたやすく作曲されたか長時間にわたる大変な努力を必要としたかはともかく、完成した作品を見て感情的な要素と大脳の働きのどちらかが、より決定的に作用して作品ができあがったかは決してはっきり現われてはこない、ということである。

先に伴奏なしの旋律のみや無伴奏の主題を引例したが、このような単旋律でも完成までに数回スケッチし直すことはしばしばである一方、極く短時間で対位法的なセクションを仕上げるということもまたまれではないのである。「必ず心が頭に牛耳られてしまう」というバルザックの言葉を引用した冒頭から、すでに私はこの問題に対する解答を予見していたような気がする。

およそ美しいもの、感情的なもの、感動的なもの、愛情こまやかなもの、魅惑的なものを創造するためには、ただ心だけでは不可能である。また、よく構成されているもの、堅実に組織されているもの、論理的なもの、複雑なものなどを生み出すのはただ頭脳の働きだけによるものではない。まず第一に、芸術において最高の価値を有するものはすべて頭脳と共に心をも示すからである。第二に、真の天才は決して自己の感情を知的にコントロールすることに困難を感じないものであり、また頭脳は正確さと論理を生み出す事に精力をかたむけはするが、無味乾燥で人の心を動かさないようなもののみを生み出すなどということはあり得ないからである。

しかるに、絶えず心を披瀝し、憐憫の情を求め、曖昧・漠然とした美や根拠・理由のないような感情の夢をいっしょに見ようではないか、といってわれわれに誘いかけるような作品、信頼するに足る尺度がないため誇張された作品、その単純さが実は貧弱、無味乾燥とイコールで、その甘美さが人工的でその訴えもほんのうわっ面をなでているだけの作品、こういった作品の誠意を人は疑うようになるかも知れない。このような作品は頭脳の徹底的な存在を証明するだけで、このセンチメンタリティーは心のおそろしくまずしいことに原因があるということを証明するものだからである。

（原題 Heart and Brain in Music）

音楽教育の方法と目的

I

ローマの古い建築やルーブルの名画を訪ねたり、ゲーテの詩やポーの入り組んだ推理小説を読むとき、人はどのような反応を示すであろうか。

ローマでは強大なローマ帝国や記念碑を築きあげた奴隷たちや公開競技に出場した市民たちに想いをはせるであろうか。ルーブルで想像にふけるのは何に対してであろうか。宗教画の前にたたずんで聖書の物語りを想い、神話的な彫刻を前にすれば彼の考えは偶像崇拝《パガニズム》におもむくのではないだろうか。ゲーテの詩を読めば、人は詩とこの偉人の生涯とを結びつけて考えることだろう。『ヴェルテルの悩み』を思い出せば、マスネーのオペラ『ヴェルテル』のことを、そしてマスネーといえば『マノン・レスコー』を思い出す。そして「『ヴェルテル』より『マノン・レスコー』の方が好きなのだがな」などと思いはつぎつぎにめぐる。

結構なことである。

つぎつぎと想像をめぐらせていく楽しさの誘惑にさからいたくないのならそれも結構だろう。だが、推理小説を読みながらこのようにつぎつぎと連想をめぐらせるのは賢明なやり方と言えるだろうか。たとえそれが楽しいことや、美しいことであったにせよ、ストーリーから湧いてくる横道の連想にふけっていたのでは、犯人を隠したり伏線をちらつかせたりしながら最後の場面へと読者をひきつけていこうとする作者の苦心は台なしである。謎解きに熱中しないような読者は推理小説を読んでいるとは言えないのである。もしいちばん最初にあげた例が私の言わんとしているところを強調するのに適切でないのなら、いまあげた推理小説の例を考えてもらえばはっきりすると思うのである。つまり、関係のあるなしにかかわらず、他の問題にとりとめもなく想像を走らせたりしていては芸術作品の正当な評価はできない、ということなのである。芸術作品に対する時は夢想などせず、その作品の意味を理解すべく懸命に努力するべきなのである。

Ⅱ

いわゆる「音楽鑑賞」なるものは、音楽を学ぶ学生に作品のにおい以上のものはたいして与えないことが多い。つまり、音楽の発する催眠術的な香気のようなものの影響を感覚で受けとめることはできても精神的なものは「音楽鑑賞」からは受けとめにくいのである。このような受けとめ方でポピュラー・ミュージックを聞いて満足するファンは一人もいないだろう。われわれが、ある音楽なり舞踊なりを好きになるきっかけは、はっきりしている。それは、その曲を歌うなり口笛で吹くなりしはじめる時なのである。いいかえれば、その曲を憶えはじめる時なのである。このことを純音楽について当てはめてみるなら、次のことが明らかになる。つまり、もし、その音楽を心の中にとどめておくことができないのなら、その音楽の発する香りから一歩進んで好きになることはない、ということである。

記憶は理解への第一歩である。「テーブルは丸い」という単純なセンテンスを理解するためにはそのテーブルを心の中にえがく必要がある。テーブルのことを忘れてみるがよい。残るのはただその文章のにおいだけなのである。史実やら、作者や演奏家の伝記、逸話の数々といったものは、感動的、ユーモラス、興味本位、教訓的等々いずれであっても音楽そのものに対しては聞く耳を持たない人々にとってなんらかの価値があるのかもしれないが、音楽そのものに没頭し、それを憶えることの助けにはなり得ないのである。

耳を音楽的に訓練するもっともよい方法は、いうまでもなく多くの真面目な音楽に触れることである。もし人々が今日行なっているよりもっと多く音楽を読譜したり、演奏したり、あるいはせめて聴くだけでもするようになれば、音楽的教養はもっと急速に広まっていくに違いない。しかし、このようなことも十分な耳の訓練を抜きにして行なわれるというのであれば、それは不十分と言わざるを得ない。

狭い意味での耳の訓練なら、高校や大学で行なわれており、優れた成果をあげている。優れたメソドも開発されてきているのだが、音楽の他の面での教授技術と同じように、その優れた方法もあまり抽象的になりすぎてしまって、本来の目的とのかかわりあいが薄れてきている。よく訓練された耳は音楽活動を行なっていく上に有益であることはもちろんであるが、それは音楽の心を持った耳の場合なのであって、単なる〝聴覚器官の一部〟としての耳であったなら、いくら訓練された耳ではあっても音楽にとっては無価値であるといえる。和声学、対位法などの理論研究と同じように、耳の訓練はそれ自体が目的なのではなく、音楽家となるためのほんの第一歩であるにすぎないのである。

よく次のような疑問をいだく人がいる。創造衝動も創作力もなく、作曲などという、自分の心と全く異質のイデオムで何かを表明しなければならないなどということは悪夢に等しいことであり、卒業してしまえば二度と曲を書こうなどという気は起すまいと決めているような連中に、なぜ作曲などを教えるのか、と。

その答えはこうである。たいていの人は誰でも訓練を受ければ絵を描いたり随筆を書いたりすることが一応できるように、中以下の才能の持主にさえ作曲という手段をうまく活用することができるに違いないからである。もっとも、彼等の作品を聞いてやらねばならないことを考えると、このような方法が望ましいのだ、という気持がぐらついてきはするのだが、それはさておき、不要な作曲家をよぶんに作り出すことが音楽理論を教える目的ではないことは確かである。しかし、優れた音楽家になろうと思う者は、みな音楽理論や作曲の訓練を受けるべきなのである。ゲームのかんどころを知っていないとボールをひねるポイントがうまくつかめない。戦法、かけ引きを考えてはじめてゲームを楽しむことができるのである。作品の霊妙さ、楽曲の構成がわからずしてなんのよい演奏ができようか。このようなことがわからない演奏家がいるとは全く驚いたことである。

かんどころをしっかり摑むには十分なことをしなければいけない。和声学、対位法、楽式論を美学や歴史学の一分科として教える必要はないと思う。

和声学の学習を、ただ例題をやってみるというだけでなく、後から必ずそれを演奏してみるというやり方をすれば、耳によって多くのことを得ることができる。和音には基本型で用いられる場合と転回型で用いられる場合があること。そして両者の間には構造上のウエイトの違いがあることなどが理解できるに違いない。このようなことが理解できている者は、たとえば四六の和音がフェルマータで引き延ばされても、これが楽曲の終りではないことを十分に理解するので、そこで拍手をしたりなどはしないのである。絶対音感の持主といえども、調性の構造的機能に関する何らの知識もないならば、交響曲の呈示部の終りと楽章の最後とを聞き間違えるかも知れないし、あるいは場合によっては偽終止を完全終止と聞き違えるようなことも起るかも知れない。このような誤ちをおかさないようにするには、和声の知識だけでは十分ではないだろう。和声を学んだことによって得た知識を強化し、本能の中にしっかりとつなぎとめておくためには、さらにすすんだ研究が必要である。絶対音感のない人でも、転調の起っている部分をそれとわかるようになることは可能なのである。もし聞き分けられもせず、効果もないということであれば、いったい何のために作曲家はそのような部分を書かねばならないのであろうか。和声についての知識を十分に身につけた学生なら、少なくとも求心的和声の効果についてくらいはなんらかの知識は持っているはずである。

対位法の学習は、同時に存在する複数の声部を聞き分ける能力を発展させる。フーガを聞いても、ただ主題が反復出現することだけしか耳に入らないような人が、フーガは単調であるといって不平を鳴らすのは無理もないことであろう。しかし、もしこのような人が副次声部——それは第二主題や第三主題を奏していることが多いのだが——の動きをも完全に聞き分けられるようになったなら、その人は対位法的作品の真髄にいちだんと近づくことができるのである。ホモフォニックな作品においてさえ、主声部以外のもっと多くを聞きとらなければならない場合がある。モーツアルトやブラームスにおいてみられる多くの拡大は、旋律の動きとは相容れない和声の動きが原因となって生じていることが多いのだが、そのようなことが起っていることによって生じている効果は、旋律しか聞くことのできないような人にはとどくことなく無駄に消えてしまうのみである。巨匠によって書かれた音は、一つと言えどもおろそかにせず感得するべきである。モーツアルトの弦楽四重奏曲において、第二バイオリンが第一バイオリンに順応し、助けたり、反発したり、特徴的な感嘆詞を発しながら同感と反感を表現しているのを聞くのは、なんと大きなよろこびであることか。

III

以上述べたことによって、読者はもうすでに楽式や管弦楽法を学ぶことによって、さらにどれほど多くのことが得られるか、ということについて一つの手がかりを得たかも知れない。

形式の目的は美にある、と思いこむことは大きな誤りである。八小節は八小節であるということでもって美しいのだ、などということはあり得ないことである。十小節は十小節なるが故に美のカテゴリーからはずれている、などというようなことはあるはずがないのである。モーツアルトの不均整さがベートーベンの均整より美しくない、などということはないのである。形式の主な機能はわれわれの楽曲に対する理解を助けることにあるのである。わかる、ということは確かに人間のもっとも楽しいよろこびの一つである。その上、形式の目的は美しさではないにせよ、形式はわかり易さを生み出すことによって美しさを生み出すのである。リンゴの木はわれわれにリンゴを与えるためにはえているのではないが、リンゴの木がわれわれにリンゴを供給してくれるのは事実である。

形式とは、もともと理解しやすい方法で諸概念を表現するための組織である。自己表現を試みてみることは偉大な作曲家のメソドを理解する上の一つの有益なアプローチである。経験してみることによってセクションを反復するという方法は、ある場合には有効であり必然的であるかも知れないが、また別の場合には不要だったり拙劣単調な効果しか生み出さなかったりする、ということがよくわかってくる。このようにして他人の作品中に存在する反復の意味がわかってくるのである。単調におちいらないなら、反復の手法は楽想を聞き手に伝達するための有効な方法であると言える。基本動機を変奏発展させる訓練を受けた人なら、関係のない概念を夢想したりせず入り組んだ旋律を追っていくことができるに違いない。

楽曲の構造が楽想を心にとめ、その成長、発展、展開を追っていくことを助けるのである。主要楽想と副次楽想を区別し、分けられてはじめて表現力を持つものを、各々に分割し制限を加え、流暢さと明晰さを合せ持った主題とその展開を実際に書いてみる、といった学習をしておいた者には、名作中にみられるこれらの特徴を心にとどめおくべきシンボルとしてどのように活用すればよいのかを知るようになるだろう。ベートーベンの『弦楽四重奏曲　第一五番　イ短調』(作品一三二)《ガリチン》の第四楽章の主題は、驚くべきことに十小節より成っている。そして、さらに驚くべきことには第十小節目においてイ短調の第七度、即ちト長調への暫定的終止が行なわれているのである。もしも、主題とは八小節から成っているものであって、その調の一度、三度、五度に終止するのが普通の決まったやり方である、ということを学んでいない人なら、このような手法もその特異性に気づくことなく見過ごしてしまうに違いない。だが、楽曲構造についての知識のある人なら、この主題が展開部において出現するたびごとに、容易に、この主題を認識することができる。

記憶しておくこと、を抜きにしては変奏曲に対する理解はあり得ないのである。作曲家が、ある主題をもとにして変奏曲を書くということは変奏の全てを主題から派生した楽想として理解してもらいたい、ということなのである。ブラームスがその作品『ハイドンの主題による変奏曲』（作品五六のa）において用いたハイドンの主題は構成が不規則である。第一セクションは十小節という非典型的な長さのピリオッド構成からできている。後につづく変奏曲を聞いても、このことは瞭然としている。第三セクションにおいては拡大が行なわれている。誰でもこの曲をはじめて聞いた時、不揃いなセクションを扱う巧妙な手法、対位法的コンビネーションの卓越さ、豊かな和声法といったブラームスの変奏技法のすべてを理解しつくせるものではないし、このようなことのすべてが一度で理解できるなどということは恐らく必須ではなかろう。しかし、そのようなことができるということは、音楽において作曲家自身がわれわれに語りかけたい、と思っていることに対する優れたアプローチであることは確かである。

作曲をしてみるという方法は、心の中にとめおかれるはずのことを思い出させるよう耳を訓練することによって楽想を理解することを助ける。基準からの独特の逸脱ともいうべき変則性は、偉大な楽想の主なき地における指標となることだろう。

さて、管弦楽法についても一言、言及しよう。私の色彩概念は世間一般のものとは異なっている。物質界における光と影のように色彩は物体の形と大きさを表現するとともに規制もする。これらの要素がカモフラージュとして働くこともある。音楽家も何かを隠しておきたいと思うこともあるかも知れない。たとえば腕利きの仕立屋よろしくセクションのつなぎ目を隠しておきたいと思うかも知れない。そうはいうものの、明晰性こそが音楽における色彩の第一のねらいであり、あらゆる真の芸術家による管弦楽法のねらいである。水をさしたくはないが、色彩効果追求の興味はやや過大評価されているきらいがあるように思うのである。管弦楽法というものがおそらくあまりにもポピュラーになってしまったため、面白く響く作品にしても、色の違った万年筆でもこしらえる、ぐらいの気持で作り出されていることが多いように思うのである。

Ⅳ

音楽を学んでいる者のうち、決して少ないとは言えないパーセントの者が作曲家への道を志していることは確かである。だが、彼等は作曲家にはなれないし、また、なってはならないのである。なんらかの研究を通じて音楽の知識を表面的に身につけた多くの自称作曲家や音楽家たちが、小癪にも優れた芸術家や本物の創造者の活動を審判しかねないのは困ったことである。教える立場にあるものは、このようなことを十分に認識し、正しい態度に立たなければならない。学生に、作曲の学習は将来、専門家や天下公認の審判者になるためのものではないこと、その唯一の目的は音楽をもっとよく理解し、音楽芸術の持つ楽しさを享受できるようになるためであることを十分にわからせなければいけない。作曲によって訓練された耳を持つということは、自分より不遇で無知な隣人に恥をかかせる資格を得るためではないはずである。よい耳を持つことによって得られるたのしみは唯一つ——音楽に期待するよろこびを自分の期待通り実際に音楽から与えられる、というたのしさをおいてほかにはないのである。

(原題 Eartraining through Composing)

アルバン・ベルクとアントン・ヴェーベルン

音楽評価の基準

百五十年か二百年も前のベストセラーには、きっと侯爵の位でも持っていそうな老騎士が、このような人物にありがちな気前のよさで、登場する仲間達や読者を驚かせたり当惑させたりするといった場面がよくでてくる。実際にそのような人物が存在したかどうかはともかくとして、彼の威風あたりを払うような気前のよさは印象的である。自分自身であれ、自分の馬であれ、馬車であれ、とにかくほんのちょっとした事故にでも遭おうものなら、助けに来てくれた人に有金全部を財布ごと投げ与えて酬いるのだった。もちろん、財布の中身は全部金貨で、彼はこのような釣り銭用の小銭には手を触れるのさえ潔しとはしないのだった。また、時には二十フラン金貨《ルイ・ドール》をふたつかみかみつかみ群衆にばらまくかも知れない。彼の気前のよさはこのような具合であった。

もし由々しい大事件にでも遭遇したら、彼はどんなことをするだろう、想像してみるがいい。そんな時には彼は助けてくれた人を自分の城に連れて帰って自分の資産と侯爵の爵位号の相続者に指定する手続きをとるか、さもなくば自分の妹と結婚してくれるように頼みこむかも知れない。彼の妹は世界一の美人ではないかも知れないが、魅力に溢れ、相当な持参金を持っているに違いない！

とにかく、彼は貴族として、受けた奉仕の価値を上まわる対価を支払わなければ、と汲々としたのである。従って、もし身分の卑しい者達が貴族階級の気前のよさに対して抱いている信仰に背くようなことがおこれば、彼はそれを恥じたことだろう。一方、それが虚構であれ本当の話であれ、忘れてならないことは、この貴族は自分の資産が無尽であることを信じて疑わず、どんな価格の支払いをしようと顧慮する必要はないのだと信じて、ただひたすらに自分の社会的地位にふさわしからぬ低い支払いをしてはいないだろうかということだけを気に病んでいた、ということである。

何という人間か！　何という人々か！　何という時代だろうか！

この貴族は、自分の買い求めた品物の値段をたずねないばかりか、むしろ物の値段など知りたいとも思わなかったのに対し、われわれ貧しい庶民は物を買おうと思う時にはあらかじめその値段を調べておく。家を一軒買おうが、自動車を買おうが、あるいは靴一足を買う場合でも、同じである。――われわれは、その物件そのものの価値や、その価値が値段と見合っているかどうかを知っておく必要がある、と考えるはずである。その家には希望通りの部屋数があるかどうか、近所の環境はよいかどうか、税金はどのくらい取られるのか、数年後あまり大きな損をしないでその家を売却できる見込みがあるだろうか等々といったことをわれわれは知っておかねばならないのである。われわれは靴一足買う場合にだって、同じような質問を店員に浴せるだろう。靴は自分の足にぴったり合ったものでなければならない。流行おくれのものもだめである。材料はよい物を使っているだろうか、このようないろいろなことを考え合せてはじめて、われわれはどの品にするかを決めるのである。われわれなら、たとえ金があっても、値打ち以上の代金を払って自動車を買うなどということはごめんである。何故なら、当然のことながら、われわれは無尽蔵な金などは持っていないからである。おまけに私達は品物の値打ち以上の金を払うなどということはまっぴらなのであって、もしできれば値切ってやろうと考えているのである。これが普通の人間の考えることなのであって、人間は階級を問わず誰しも同じように行動するものである。これが普通の人間の考えることなのであって、人間は階級を問わず誰しも同じように行動するものである。つまり、人間は値切ることが好き、というわけだ。家や自動車や靴なら、よいところや悪い点は見れば誰にでもわかるのであって、別に専門家の鑑定を必要とはしないが、それにしても当然のことながら、これらのものを買う場合、われわれは細心の注意を払う。とすれば、評価の基準が専門家の領域内にとどまっていて、しかも鑑定のできる人が専門家の数と同じように稀な芸術品を選択する場合、家や自動車や靴を買う場合に比べて、比較にならぬほどの用心が必要なのは当然である。

なるほど、家や自動車や靴には流行の移り変りやモデル・チェンジがあるのだが、少なくとも家は人間の住むためのものであり、自動車は乗物で、靴ははきものであることははっきりしており、その有用性は一定不変であるから、この点にだけ目を向けて判断を下していれば誤まることはなかろう。

ところが、芸術のスタイルときたら、十年か十五年毎に変化しているのである。そして評価の基準もスタイルの変化にともなって、ほとんど必然的とまでに言える位に変化する。注目を惹くいちばん危険の少ない方法の一つは、普通とは違ったことをやることである。普通と違ったやり方をやってみたい、という誘惑に打ち勝つことのできる芸術家は非常に少ないものである。私は、かつて自分があまり独創性ということに関心を抱かない部類の人間に入っていたことを告白しておかなければならない。私はいつも次のように言ったものだった。「私はいつもしきたりから一歩も出ないものを創ろうとしてきたのですが失敗してしまい、いつもそれは意に反して、ありきたりではないものになってしまったのです！」と。「当の作曲家が書きたくない、といっているような音楽など、愛する気になるものか！」という音楽愛好家の気持はまったく当を得た正しいものである。

自分の肖像画を、自分の画想の基礎を精神分析に置いているという表現派の画像に委嘱した人間が、画家が、このように見えるべきだ、と感じた通りに書かれたからといって文句をいうのは理不尽であろうか。ありのままに写すカメラの正直さの犠牲にはなりたくない、と考える者もいるのである。諸君が直面するのは、一作家の倫理、哲学、政治的見解であるかも知れない。ゲーテは『ヴィルヘルム・マイスターの遍歴時代』のある箇所で、「……何故ならわれわれは自分たちが創意に欠けていないということを証明したく思ったものだから」――つまり、うまい小話を一つ創り出す創意ということだが――といって、前後の一貫性なしに話を一つ、ぽつんと挿入したものである。それと同じように、作者が親しく舞台の前面に出て来ることは、もう流行遅れではないだろうか。ストリンドベルクだったら、おそらくこのようなことはしないだろう。バルザックだったら、いや、おそらくショーだったらしたのではないだろうか。――もっとも、ショーの場合は序言の中でやって、本文ではしないのだろうけれども。

大ゲーテにしてそのようなことをしているのに、それが完全に誤りであるというようなことがあるだろうか、と訝る人もいるかも知れない。このような行為は芸術からは完全に閉め出してしまうべきだろうか。もしそうだとすれば、このようなことは流行遅れである、というのがその唯一の理由なのであろうか。あるいは、ひょっとしたら、「創意のあるところを見せるということ」が、芸術作品の中に入れるにふさわしい理由とはならないからだろうか。何故なら、少なくとも間接的にはその主題から生まれ、しかもそれと関係があるものだけしか載せてはならないからである。

ところが、もし続けてみると、この話と主題とのつながりが明らかになってくるようなことになったらどうであろうか。

「創意のあるところを見せるために」というこの話の導入のしかたには、やはり依然として反対が残るかもしれない。何故なら、それは作者個人の関心事の一つであって、沈黙のうちに明らかになってくるべきものだからである。その時こそ、読者も熱狂的な讃嘆をこめて、「何という豊かな想像力と創意だろう!」と叫ぶかもしれない。

素人や門外の人々でも、文学、絵画、彫刻、建築物といった芸術作品の主題や対象、あるいは話の筋の上からつけられる評価に何らか近づくこともあるようである。このような見解がいかに当を得ていないものであるかは、すでにフランス・アカデミーのメンバーに列せられている多くの画家達——エル・グレコ、ヴァン・ゴッホ、ゴーガン、カンディンスキー、ココシュカ、マチス、ピカソ等——の場合にもっともよく見受けられる。

芸術における表現形式の変化が必ずしも発展を意味するものではない以上、あらゆる時代の芸術にあてはまる、不変の基準をうちたてるということは極めて困難であろう。とはいえ、外面的な基準から生じる評価の空しさは、何世紀来、変ることなく明らかである。

前述の芸術においては、少なくとも表面的な判断に基礎を置いた誤った評価が存在し得る。しかし、音楽においてはこのようなことはあり得ないのである。人の気に入ったり、人に嫌われたりするストーリー、道徳、哲学、主題、政治などは存在しないのである。ここ一世紀半ほどにおいて行なわれた音楽に対する排斥は、豊かすぎる転調、不協和音の用い方、複雑な主題構成といった、音楽のわかり易さを妨げるような特徴が原因としてあげられてきたのである。それは、町が拡張して都市になり、産業主義の発達によって、フレッシュではあるが門外の人間を都市という都市に送り込み続けた時代であった。以前より多くの人々が聴衆の仲間入りをするようになったために、コンサートホールがだんだん大きくならざるを得なかった時代であった。

以前は聴衆といっても数は少なく、音楽家達は自分の好きなものを演奏することができた。その大部分は、少なくともセミ・プロ程度の知識は持ち合せているといった人々から聴衆というものが成立していたのである。当時の聴衆は、今日では専門家しか使う資格がないような専門用語――といっても専門家以外の人も使っているが――を振り廻して音楽を評価していたのである。このような高度な音楽技術を持っていてこそ、評価基準の認識も可能になるのである。音楽がわかるということは、せめて部分的にでも、記憶から音楽がわかるということであった。多くの聴衆は、作品をたった一度聴いただけで、もうその作品を記憶しておくことができたのである。モーツアルトが門外不出になっているアレグリの讃美歌をたった一度聴いただけで写し取ってしまった、というのは有名な話である。

そうだ、音楽評価における記憶の役割は、たいていの人々が考えているよりも、もっと大切なのである。一つの作品を、せめて部分的にでも憶えてしまってはじめてその作品に対する理解が始まる、というのは恐らく本当であろう。しかし、記憶はそっと大切にして、機能をはたす機会を与えてやらなければならない。第一次大戦前のことであるが、私がある人に出会ったとき、その人が「メリー・ウィドーを二十回も聴きました」と言っていたのを思い出す。また、私がベートーベンの『第九』を指揮したとき、一人の男が楽屋に入ってきて、「『第九』を初めから終りまで通して聞いたのはこれで十五回目です」と話したのを憶えている。このような人達が自分の好きな音楽を音符のすみずみまでどれほどよく知りつくしているか、想像してみるがよい。現在の聴衆に、このような芸術を習得したばかりの者が持っているような熱中した能力を期待できないのはもちろんである。J・S・バッハは、その真の価値は専門家にだけしか理解できないといったような作品を平気で書いていたが、十八、九世紀の作曲家達は、早くも自分達の真の独立は失せてしまったことを感じるようになったのである。ベートーベンは**民主的**な人であったが、その彼でさえ、そのように感じたに違いない。モーツアルトは『ドン・ジョヴァンニ』をウィーンで初演した時、ヨゼフ二世から「これはわれわれウィーンっ子向きの音楽ではない！」と言われている。『ドン・ジョヴァンニ』は、それほどウィーンっ子たちに不向きな作品であろうか。この作品は、発表当時、すでにあのモーツアルトが創り出すべきような最優秀の作品ではあり得なかったことは事実であるが、モーツアルトは一般聴衆が理解できる程度には明確に自己を表現している、と考えられていた。

私は後代の作曲家たちが、庶民の、わかり易さ、といったものに対するこうした要求―

a. Schubert, Piano Sonata

b. Schumann, Arabesque

―即ち、より高度な芸術的要求とは完全に一致しない要求――に意識的に屈してしまったと主張しているのではない。ところが、シューベルトの旋律構成は―彼はモティーフを並置させているが、それらはただ旋律的に変化していくだけで、リズム的には極めて変化に乏しいが――おそらくは本能的にであろうが、庶民感情に合致させているようなところが多々存在するのは確かである。正真正銘の時代の子として、彼は無意識のうちに同時代人の感情を反映したのであった。シューマンの作曲様式は、このような迎合のいちだんとすすんだ証拠である。彼は動機の持つリズム的特徴を頻繁に反復する、といった手法をよく用いているが、このような手法は、当時、人々に大層愛好されたものであって、このような手法をシューマンが多用したことに彼の同時代の感情への迎合の証しがみられるのである〔譜例a、b〕。

ワーグナーにおいて和声の発展が音楽の表現様式の

［ワーグナーのゼクエンツ］

改革にまですすんでいった頃には、音楽はわかり易いものでなければならない、という声はいちだんと強いものになってきた。シューベルトやシューマンといった人達、さらにはワーグナーと同時代人であるブラームスにおいてすら、動機、フレーズ等の主題構成要素をただ少し変形しただけで反復する、といった手法を用いていた（場合によっては、いわゆる私が発展変奏と名づけた形が用いられた）のに対し、ワーグナーはテーマを覚え易いものにするため、ゼクエンツや準《セミ》ゼクエンツ的手法を用いなければならなかった。即ち、ワーグナーにおいては主題はそのままの形でか、あるいはほんの少し変

形されただけの形で同型反復が行なわれるのであり、主題は異なった度の上に移される、ということのほかは、最初の形と本質的に全く同じ形で反復出現するのである〔上掲の譜例〕。

このような手法が変奏技法に比べて長所の乏しい理由ははっきりしている。変奏技法には新たに変奏を書いていくという努力が必要であるのに対し、ゼクエンツは極めて単純な作業で書くことができるからである。このような手法は作品の構成技術の上に大きなマイナスを与えることになったのである。

ワーグナーに心酔している人達はもちろんのこと、ドビッシーやプッチーニといったワーグナーの対立者と見られているような人々をも含めて、ワーグナーの後に続くブルックナー、R・シュトラウス、ヴォルフ等々といった作曲家が、この、よりプリミティヴなテクニックの常用者になったのであった。

新しい技術が創造される必要があった。レーガー、マーラー、――そしてかく言う私自身も及ばずながら――この面において一つの役割をはたしたのであった。しかしながら、これで作曲技法のたどっている壊滅的な成り行きが解消された、というわけではなかった。しかも、まずいことには、今日、作曲家達の多くは発展変奏によりながら楽想をつないで基礎楽想から出て来た楽想を展開することによって人間思考の限界とロジック上の範囲の中にとどまっているということをせず、発展変奏を伴わない数箇のフレーズをただ頻繁に反復することによって楽想を広げ長さを加えていく、といったことを行なっているのである。

さて、私は、いま私が一つの作曲技術をとりあげて、今後とも永遠にこのような手法は無価値であることが証明されたかのような表現をしてしまったが、これは間違いである。

一軒の家を建てるとしよう。ほとんどみな同じで変化のない煉瓦という材料を用いながら、他の家とは違った建築上のアイディアをこらしていくにはどうしたらよいだろう。同じように、動機、フレーズ、その他のユニットを使用していって不都合なはずはないのである。

ベートーベンの『田園交響曲』の場合について言えば、この楽曲においてはただ一種類の和音しか使用されていないので、この場合、和音を煉瓦にたとえるのはまずいだろう。私は最近たまたまこの曲をラジオで聴いていて、この楽曲においては最初の三つの楽章において短三和音がほとんど一つも用いられていないことに気づいて非常に驚いたものである。この三つの楽章においては、和音の自然の法則からして絶対に短三和音を用いねばならない、という場合にだけ短三和音を用いている。そしてそのような場合にさえ、無伴奏にしておいても旋律が十分理解できるような場合には、その部分をユニゾンにしておくといった逃げ道をこしらえているのである。ベートーベンが何故このようなことをしたのか、その意図は明快である。ベートーベンの語法においては、短三和音は悲しみを表現するものなのである。《田園に着いたときの楽しい気分の目覚め》を描こうとしたこの部分で、どうして短三和音を多用できようか。

評価上の視点の変化の結果というべき一つの異なった仮説を立てるためには、前の仮説はよろこんで水に流してもよい。まだ作曲経験をそれほど多くつんでいなかった頃、ポスト・ワグネリアニズムの影響を受けていた私は、同じ時代の他の人々と同じように、よくゼクエンツを書いたものである。私は、バッハやモーツアルトやベートーベンやワーグナー、さらにはブラームスさえも含めた前の時代の巨匠達が、真正同型反復や少しだけの変形を伴なったようなゼクエンツをどしどし書いているのを見て、この手法を利用するのは当然であると考えたのであった。その上、この時期の若手の作曲家はムードやムードの変化のすべてを表出するだけでなくアクションの一つ一つを描写することに汲々としていたので、特殊な公式であるライトモティーフの使用は必須であると考えられていたのである。ライトモティーフは通常小さなフレーズから成っており、大きなスペースを必要とはしない。何故なら、そうでないと八〜十六小節の長さを必要とする展開、発展変奏されたフレーズの並置、カデンツの設定をするために行なわれる制限やカデンツ確立のための必要条件、といったものが余計なものになってしまうからである。次に、二回にわたる同型反復を伴なう二小節のフレーズには通常リクイデイションのため、あと一〜二小節の書き足しが必要である。こうして独立したセグメントが誕生するが、このようなセグメントは発展展開を伴わない、いわば四面に解放されたような状態でおかれているのである。このようなセグメントは楽想の要求以上には長さを必要としない、ということで、美学上のある一つの価値を獲得することができるのである。このような理由で、この技法は「新ドイツ学派」にむしろ刺激を与えたのであった。

当時、「新ドイツ学派」のゼクエンツと猛烈に戦っていたのがブラームス派だった。彼等の態度の基本には発展を伴わないような単なるフレーズの反復は安っぽい、というゼクエンツ肯定派とは正反対の考え方があった。事実、多くの作曲家にとって、ゼクエンツとは短かい話を長く引きのばす、即ち四小節の楽想を八小節に、八小節を十六小節に、といった具合に小節数を増やしていくための技術であるにすぎなかったのである。

リムスキー・コルサコフ、チャイコフスキーなどのロシアの作曲家は、うまく用いれば悪くはないゼクエンツの技法を不適当な方法で用いた、という咎で責められるべきである。彼等が悪例を残したおかげで、ゼクエンツをより高度な技法として発展させようという野心が完全なまでに打ち砕かれてしまうことになりかねないところだった。

ある一つの基準を、長所として評価するか、あるいは短所として評価するかによって多くのことが違ってくる。シューマンがシューベルトの音楽の《天国的な長さ》を語れば、人々は〝天国的〟であろうと〝地上的〟であろうと、とにかく長いことを長所であると考えるかも知れない。ところが今度は、ワーグナーの対立者ハンスリックがブルックナーの

交響曲の長大さを非難するのを耳にすれば、長いということは欠点なのかと失望する。ブラームスが片方の手で三つの音が連らなったフィギュレイションを、そしてもう片方の手が二つまたは四つの音の連らなりを弾くことを要求した時、人々はこのような手法は船酔いになってしまうようでいやだ、と不平を言ったものだった。しかし、恐らくはこのような手法こそ、現代のスコアの中でしばしばお目にかかるポリリズム・ストラクチャーの始源であろう。モーツアルトのハ長調弦楽四重奏曲が『不協和音』と呼ばれているのも、他のモーツアルトの四重奏曲に『ドラム四重奏曲』とか『狩』とかいう名がつけられているのと同じように、その曲の持っている特徴を名づけることだけが目的であったことは確かである。弦楽四重奏曲にドラムを加えたり、あるいは弦楽四重奏曲が狩りの楽しさを描写したりするということは、恐らくは何のメリットもないことであろう。このようなことによって、その曲の評価が変るというようなことはあり得ないことである。

モーツアルトのハ長調の弦楽四重奏曲が『不協和音』と呼ばれる背景には、いくぶんなりとも評価の基礎となり得るような批評が含まれていることも確かである。このことは私自身の経験からしても確かである。ウィーン楽界は私の弦楽六重奏曲『清められた夜』の初演を拒否した。この曲には、一つ——ただ一つの——カタログに載っていない不協和音の〝革命的な用法〟があったからである。

（訳注・〔前掲譜例中の〕※の和音がそれである。ここに用いられているような属九の和音の第四転回型は、当時使用の〝禁じられた〟ものであった。）

専門家というものは、いちど教えこまれたことは決して忘れることが出来ないものである。たとえば或る作曲家の頭の中に、ある不協和音は許容するが別の不協和音は許容しないといったような通念ができあがるまでには、評価の行なわれる基礎となる夥しい価値が必要である。専門家がある作品を他の作品より高く評価するのは、次のような場合に限られている。即ち、その作品の主題、旋律が十分組織立てられた立派な構成になっており、聴き手の関心を惹きつけて離さないほど興味深いものである場合。あふれるばかりの楽想に満ちている場合。そして、これらの楽想が音楽のロジックに迷わないように巧く結び合されている場合。楽想が理解の可能なような長さに細分されている場合。巧みなコントラストによって楽曲が単調におちいることが回避されている場合。しかし、コントラストの設定に際して、全ての楽想が基礎楽想の発展変奏によってのみ展開され、そのことによって楽曲の統一感が十分に保証されている場合。十分な楽想の展開が行なわれることによって、楽想の内的価値がたまたま表面に現われてくる利点などを上まわることが保証された場合。——このような場合に限ってである。

専門家はこのような観点から楽想を評価した挙句、次には楽曲の様式の問題へとすすんでいくのではなかろうか。タイム・スペースは楽想の重要性、あるいは非重要性に適しているだろうか。主要楽想は強調という方法だけではなく、音空間に占めるプロポーションについて慎重な考慮をはらうことによって副次楽想とは劃然と区別され、その対象《オブジェクト》の優位性が常に確保できているか。表現の幅は適切であるか。即ち、主題の数や、主題の次に必然的に起ってくるその主題の次に続くべき部分を考え合せて適切と言えるのか。表現の幅はわかり易さ、という点より見ても適切か。すべては可能な限り簡潔に凝縮されて提示されているだろうか。

真意が深遠であることが表現の気品、外見上の優美さを妨げてはいないか。題材は手段《メディア》に適しているか。また、その逆はどうか、たとえば英雄的なテーマがフルート、ギター、マンドリンといった非英雄的な楽器によって表出されているようなことになってはいないか。交響曲の楽想としてこそふさわしい熱情を、バイオリンソナタで表現しようなどということになっていないのか。コントラファゴットのような動きのにぶい楽器に優雅なバルカローレの演奏を要求したりはしていないか。『田園交響曲』の中で、うぐいすや、うずらや、かっこうの啼き声がそれぞれフルート、オーボエ、クラリネットで表現されているように、音色の上からも技術の上からも、その楽器の特性に合うように音楽の描写は様式化されているだろうか。たとえば安息を表現するのに動き、沈黙に音、抽象的哲学の表現に具象的な音など、その本性と音楽本来の質が相反する状態や事態が起ってはいないか。その作品の、素材や楽想が作品のスタイルから遊離したテクニックで展開されていないか。対位法的な楽想が擬対位法的手法で伴奏されているため単なる和音づけ以上のことがほとんどなされ得ないような状態になってしまってはいないか。ポピュラー・ミュージックにはよくあることだが、元来がホモフォニックな旋律の自然なフレージングが不自然なカウンター・メロディーの追加によって混乱させられてはいないか。素朴な民族的な節に、その旋法、調性にとって固有のものではない不協和音がわざと用いられたりしてはいないだろうか。

エクスパートともなれば、主題を構成する素材の価値を十二分に吟味しないわけにはいかないだろう。また、作曲家が創造性を有しているか否かについてもたださなければならないだろう。楽曲の統一感とわかり易さをそこなわない範囲で、興味を刺激するために必要な程度の多様性を生み出すことに成功しているだろうか。その作品の必然性が立証できているか。即ち、内的創造衝動によって、やむにやまれぬ気持で書きあげられた作品であることが納得できるだろうか。人類の知識と文化におけるギャップを埋める、あるいはそうでないまでも、せめて娯楽の要求ぐらいは満足させてくれるような何ものかが生み出されているだろうか。換言すれば、新しいということが一つの望ましい貢献であるということが立証できるだろうか。この新しさは本質的な資質であろうか。それとも二義的なものなのか。仮りに本質的なものから派生したものであれば、ベートーベンの劇的な楽曲展開のような性質のものであろうか、それともシューベルトの歌曲のもつ構成的、情緒的、描写的資質の新しさに匹敵するものだろうか。あるいは音楽を組立て、和声づけし、オーケストレイションし、そうやって全ての面において音楽を変革していったワーグナーの徹底的に新しい方法のようなものであろうか。

この新しさは、革命的変革によるよりもむしろ一つの新しい個性によって、また威嚇的な感情の激発によるよりもむしろ発展的展開によって生じてきたのであろうか。この新しさは、メンデルスゾーン、シューマン、グノー、ドビッシーなどのように、独創性という点においては十分豊かなものを持ち、他とは全く異っているものの、改革的な野心は持ち合せていなかった芸術家に比すべき個性から生じたのであろうか。

独創性と個性とは、不離一体であるとはいえ、個性の奥底から派生したのではない一種の独創性といえるものも存在しているものである。このような芸術家の所産は、真の独創性に大変よく似た一種独特の外観によって区別されることが多い。なんらか二義的な要素が初めて目覚しい変化をとげた時には、創意が活動していたことは確かである。次に、この二義的要素は、意識的に使われた時、基本テーマの奥底から派生したのとは違ったある新しさの一面を獲ち得たのであった。しかし、これはマンネリズムであって独創性というべきではない。その区別は、マンネリズムとは二義的な件における独創性のことだ、ということにある。

このような二流の独創性によって成功や名声をかち得た、立派とさえ言えるような芸術家が多く存在する。現在では、以前にも増して空虚な楽想におざなりに技巧上の特殊な工夫をこらすことによって聴く者の興味を惹いてやろう、というような傾向が多いのは不幸なことである。そのような所産につきものの精神態度は、人類の思想を豊饒にするということより、むしろ成功と売名がねらいなのである。

創作への影響のもとになっているとは決して思えないような原因や理由から生じてくる価値もあるにはある。芸術家と芸術の関係は、リンゴの木とリンゴの実のように自然的かつ必然的なものであるはずである。たとえリンゴの木が時の流行や市場の要求に応じてリンゴを実らせようとしても、それはできない相談というものである。「ある時代に戻りたい」と考えたり、廃れた美学にあこがれたり、あるいは新奇な美学の法則に従おうとしてみたり、あるいはまたある様式の模倣を考えたり、折衷主義に身をまかせてのうのうとしていたりするような芸術家は自然に背を向けることになる。

このタイプの音楽の基準と、前述の基準との間にはなんら基本的な相違はない。素朴な人達——つまり、音楽の美しさは愛しながらも自分の精神を鍛えたいとは思わないような人達——に語りかけるのがポピュラー・ミュージックである。素朴な人達が好きなのは、くだらなさ、俗っぽさ、独創性のなさなどではなく、よりわかり易い表現法なのである。問題の結論のすべてを一度に扯き出す能力を身につけていない人々に対しては、彼等の知的能力を十分考えて対応しなければいけない。仮説から結論へ一足跳びに跳ぶような性急な解決を考えるなら、ポピュラー音楽においては、ポピュラリティーは失われてしまうに違いない。

このことは、ポピュラー音楽においては、高級な音楽で用いられるような形の旋律やリズムや和声は用いないようにしたほうがよい、ということではない。もちろん、ポピュラー音楽において作曲家が目ざしているのは、たとえばブラームスの交響曲に見られるような入念な主題の展開でもなければ、バッハのような対位法でもない。だがしかし、アメリカのポピュラー・ミュージックを聴いていると、これらの作曲家達が伝統的な標準に対して挑戦を試みているのに驚かされることが多い。とはいえしかし、ポピュラー・ミュージックにおいては、一般大衆の理解し易さを考え、主題の変奏展開はごく軽度にしか行なわず、さまざまな形の反復、巧みな楽想の接続《コネクティヴ》といった手法が多く用いられている。

ポピュラー・ミュージックのファンは、自分達の好き嫌いの評価に関して独自の法則を持っているようだ。彼等がこのような自らの法則を定めていく上に、技術的あるいは理論的な知識が必要なのかどうかは明らかではない。たぶん、本能が審判者として働いているのではないだろうか。優れた機能をもった本能が正しい判断の基礎を生むことは確かである。

ところが、先にあげたより高度な音楽の評価基準は、たいてい専門家しか近づけないものであって、しかもそのうちの多くは非常に有能な専門家でなければ近寄り難い、といったものなのである。

およそ全ての創造者が創造活動を行なうのは、第一には自らの内に起ってくる創造衝動の重圧から脱れるためであり、さらにはこのようにまず自分の身の歓びのために創造を行なっているとはいえ、少なくとも無意識的には聴く者にとってなんらか価値のあることを語りかけたい、と考えてのことである。

野心や金銭欲にかられて創造意欲が刺激されるのは三流芸術家だけである。

「金《かね》が欲しい、だと！」

創造という、これほど歓びを与えてくれるすばらしい行為をしながら、何故その上に報酬が欲しいのだろうか。

真に偉大であった人々の生涯を眺めてみて、われわれが知るのは、彼等の場合、創造衝動はもっぱら人類に一つのメッセージを与えるのだという本能的感覚に根ざしていた、ということである。

音楽が創られるのは、人を喜ばすためにではないことははっきりしているが、それと同じくらいはっきりしていることは、音楽は確かに人をよろこばせるということである。音楽は、そのゲームのルールを知らない人――タブラチュアを知らない人――にも紛れもなく大きなアピールをしてくれる、ということである。（訳注・タブラチュア＝数字や文字などを用いて表記された、ヨーロッパにおいては十五〜十八世紀に盛んに用いられた楽譜。現在の楽譜が奏されるべき音を直接表記するのに対し、押えるべき穴、弦、〝かんどころ〟の位置を表記するのが特徴。日本の箏などの譜もこれに当る）

一方、専門家達や専門家でもないくせに専門家づらをしている連中を頼りにすることは、とんでもない結果をまねくことにもなりかねない。ワーグナーはベックメッサー（前出、楽劇『ニュールンベルクの名歌手』中の登場人物）の中に、実際に存在するそのような専門家の姿を画いている。ベックメッサーはタブラチュアが読めるのだが、相手の〝ルールには合わねえもの〟を自分の知識に当てはめようとしてさんざんな失敗をしたのだった。ハンス・ザックス（同一楽劇中の登場人物の一人）はタブラチュアが全然読めない連中を、先の専門家よりも信頼することによって成功したのである。

原始民族の文化においてすでに音楽の持つ神秘的な力を、礼拝を神聖化する目的で利用する、ということが行なわれたことは良く知られている。原始民族にとって魅惑を感じるのはおそらくリズムと音の響きだけかもしれない。ところが、文化的に高度なギリシャ人でさえ、単なる音の連なりに美徳や背徳を表現する不思議な力がある、としたのである。（訳注・ギリシャ人は、たとえばリィデア、フリギアといった旋法の音自体に柔弱さとか剛健さとかを表出する力があると信じていた。プラトンはその著『国家篇』の中でこの問題にふれたエトス論を展開している。この論は、異なった旋法自体に異なった感情表現の力があるとするもので、音構造が異なっている長音階と短音階では表出されてくるニュアンスが異なる、というような考えとは同一ではない。)

グレゴリアン・チャントは、プロテスタントのコラールほど言葉の意味の持つ恩恵に浴してはいない。つまり、音楽が音楽そのものの価値だけで存在しているのである。

このような事実を考えてみると、その後のより高度な芸術形式は宗教儀式には不可欠だったのであろうか、といぶかられるかもしれない。原始芸術であれ高級芸術であれ、芸術が音楽の魅惑効果を強めるかどうかはともかくとして、一つの結論は避け難いようだ。即ち、一つの神秘が存在している、ということである。

私の個人的な感情からいうなら、音楽とは人類の進化の方向ともいうべき、より高度な生活様式を啓示する予言的メッセージを伝えてくれるものである。音楽があらゆる民族、あらゆる文化を持った人々に訴えてくるのはこのメッセージの故である。

音楽の評価の基準を探究していくにあたって、この不思議な効果の原因がその標準や価値に関係なく、あらゆる種類の音楽にある、とするのは危険であるように思われる。音楽を愛し、音楽の魅力がよくわかっている人なら、音楽の価値を判断する権利と能力が身にそなわっているのだと決めてかかってしまうことは危険であろう。このような結論の結果がどのように危険なものか、最近私の身近に体験した例を述べよう。

メトロポリタン・オペラの演し物の中から聴取者の投票で中継放送が行なわれるが、投票の結果を見てみると、選ばれた六曲の中に『フィデリオ』『魔笛』『フィガロの結婚』『ニュールンベルクの名歌手』『エフゲニー・オネーギン』『フラ・ディアヴォロ』『セヴィリアの理髪師』などが落ちている。民主的ではあっても、このような選挙には一つの決定的な誤りがあるのである。政治の選挙なら政党のリーダーが候補者をしぼって立ててくるものであって、たった一人に候補をしぼるようなことはないにしても、四十六人もの候補者をしぼりもせずにそのまま出してくるようなことはしないだろう。番組にのせるかどうかの一般投票には四十六もの作品が投票にかけられたのであった。

このことは、ショーペンハウエルが要求した芸術作品の評価はオーソリティの評価にだけ基礎をおくべきだ、という要求と恐らくは類似している。しかしこの論は、まずいことには、どうすれば権威が得られるのか、誰が権威を与えるのか、権威は今後も議論の余地のないものとして確立していくのか、もしもそのような権威が誤りを犯した場合どのようなことになるか等々といったことについては全く論及されていないのである。つまり、モーツァルトやベートーベンが軽視され、ベルリーニの『ノルマ』が最高のオペラであるような評価を受けたような場合どうすればよいのかについての論及が十分になされていないのである。ショーペンハウエルに対する私の非難は、私がショーペンハウエルに向けたのと同じだけの非難を自分自身に向けて行なうことによってお許しいただけようか。つまり、私は自分自身も同罪である、と告白するわけである。私はマーラーの音楽を理解し尊敬できるようになる前、長い間にわたってマーラーの音楽を軽蔑してきたのである。私はかつて言ったことがある。「もしもレーガーが書いているのが対位法なら私のは対位法じゃないんだ」と。私は間違っていたのである。何故なら、レーガーのも、私の書くのも、どちらも対位法だったのだから。

一方では、私はシベリウスやショスタコーヴィッチのために、べつだん専門的知識などいらないようなことがらを弁じてやったものである。アマチュアや音楽ファンなら、次のような発言ができるに違いない。「シベリウスやショスタコーヴィッチにはシンフォニー作曲家の息吹きが感じられる」と。

専門家も人間である。でもしかし、これはわれわれ作曲家の罪ではないのである。

(原題 Criteria for the Evaluation of Music)

音楽と詩の関連性

音楽が言わんとしていることを、純粋に音楽的な立場だけから理解することができる人は比較的少ないものである。一つの音楽作品は必ずある種のイメージを呼び起すのであって、もしも聴いていてもイメージが浮ばないような場合には、その作品が理解されなかったか、あるいはその作品自体が価値のないものかなのであるというような、間違った低俗な憶説がたいへん広くいきわたっている。

誰も音楽以外の他の芸術からはこのようなことは期待せず、むしろその芸術の素材のもたらす効果だけに満足する。もっとも、他の芸術においては素材主題、即ち、表現された客体は平均的知性の持主の限られた理解力にとっても無意識のうちに明らかになるものではあるが——。

ところが、音楽自体においては素材主題が不足しているので、人々は音楽自体が与える効果以上のものを純然たる形式美、詩の筋のはこびといったものに求めたりする。

その驚嘆すべき思索によって、ショーペンハウエルはまずは音楽の本質を次のように完璧に述べている。「作曲家は森羅万象のもっとも深奥な本質を具現する。あたかも催眠術にかかった人が目覚めている時には少しも覚えていないようなことを口走るように、もっとも深遠な知恵を作曲家の理性では理解できない語法で表現する」と。しかし、そのショーペンハウエルでさえ、後になってこの「理性では理解できない語法」を詳細にわれわれの語法に直そうと一所懸命になったのである。

しかし認識できるもの、即ち、精髄にまで抽象還元することを機能とする人間の言語にこうして直すとき、おそらく認識は不可能でもやはり感得だけは可能なはずの森羅万象の語法は滅びてしまうのだ、ということが彼には明らかであったに違いない。しかし、たとえそうだとしても彼の行なったこの処置は妥当とするべきである。何故なら、森羅万象の本質、即ち、そのはかることのできない豊かさを概念によって――その貧弱さはすぐ見抜けるのだが――表わすことが、結局、哲学者としての彼の目的だからである。ワーグナーもまた、音楽家として彼が直接みたものの概念を普通の人間に伝えたく思った時、あたかもそれが当然であるかのようにベートーベンの交響曲に標題を付け加える、ということを行なっている。

このようなことが広く行なわれるようになると大きな弊害が現われてくる。本来の意味が歪められて逆になり、人々はあたかもそれが当然であるかのように音楽の中から筋書きや作者の主観的感情をさがし出そうとする。

しかし、ワーグナーの場合は逆なのであって、音楽を通じて受けとられた「森羅万象の本質」の印象がワーグナーの内部で創造的になり、彼を刺激して他の芸術を詩的に変化させる。しかし、この変化に際して出現する筋書きと作者の主観的感情は、もともとその音楽に含まれていたものではなく、単にこのようにまで直接的で汚れのない純粋な表現様式は絶えず主題そのものの束縛のもとにおかれる詩という芸術に於ては容認されない、という素材にすぎないのである。

純粋な感得力というものは極めて稀で、ただ高度な能力の持主のみが持っているものである、専門家が困難にぶつかってしどろもどろになる理由はここにある。現代においては楽譜は次第に読みづらいものになってきているし、それほどすばやく楽譜についていくことが出来る人は多くない。もっとも鋭敏で純粋な感覚の持主でも、すばやく過ぎ去っていく印象しか捉えることができない——。こういったことのすべてが原因となって、報告したり評価したりする義務を負ってはいるものの、スコアに書かれた音楽をいきいきと頭に浮べることができないような批評家は、もしそのような行為が自らを傷つけないと思うなら、正直さを売物にして、何とかそのつとめをはたそうとでも考えるかも知れないが、実はその程度の正直さによってさえ、任務をまっとうすることはもはや困難になってきているのである。純粋に音楽的効果とだけ対決した時、批評家は完全に途方にくれてしまう、そこで批評家は標題音楽、歌、オペラ等なんらか歌詩と関連のある音楽について論じることをむしろ好むのである。だがしかし、このことは、私達がオペラ指揮者に新しいオペラの音楽について質問しているのに、指揮者は音楽はむしろそっちのけにしてリブレットや舞台効果や演奏者達のことばかりしか話してくれない、というようなことがあるのを考え合せると、あながち批評家を非難もできないのである。事実、音楽家が教養を身につけ、専門の音楽の話を避けて他のことについて語り、自分の教養のほどを見せねばならないと考えるようになって以来、音楽について話せる音楽家の数は本当に少なくなってしまった。音楽家達がしばしば好んで引き合いに出すワーグナーは純粋に音楽的な事柄について驚くべき量の著述を行なっているのである。きっと彼は「音楽に標題をつける」という努力の結果が誤解されてこのような結果になってしまったことを徹底的に否定したかったのに違いない。

従って、ある作曲家について、作品中の詩の取扱いが正当でない、などと音楽批評家がいうのは、このジレンマから抜け出す気楽な一つの方法にすぎないのである。〝新聞のスペース〟は必要な証拠をあげて論及しなければならない肝腎な時に、きまってちょうど足りなくなって筆者の論旨の不十分さをカバーしてくれる。そのため、芸術家は、いつも「証拠不十分」の故をもって有罪の宣告を受けてしまうのである。しかしひとたび証拠が公表されると、それはむしろ反対側の証拠になってしまう。何故なら、それは音楽の作り方を知らない人間ならどのような方法で作曲するだろうか——従って、芸術家が作曲する場合にはどのように見えてはならないか、ということを示すだけだからである。このことは作曲家が評論を行なう場合にもまさに当てはまる、それはたとえ彼が優れた作曲家であったとしても、である。何故なら評論を行なう時には、彼は作曲家でもなければ音楽的にインスピレイションを受けてもいないからである。もし仮りにインスピレイションを受けているのなら、その曲がどのように作曲されるべきかなどと述べたてるよりも自分で作曲してしまうに違いない。作曲の出来る人間にとってはこの方がずっと手っとり早く容易だし、もっと人を納得させることが出来るからである。

事実、このような判断は、もっとも低俗な概念とも言うべき因襲的な図式から生じるのである。この図式に従えば、音楽における一定のダイナミックレベルや速度は詩の中の出来事と呼応し、きちんと進まなければならない。このパラレリズム、あるいはさらに深いパラレリズムが外面的には反対のものが表現されているように見えている時にもまた存在し得る。——たとえばもの静かな情想が速い、激しいテーマによって表出されることもあり得る、何故なら引き続く激しさがそれからより有機的に発展するからである。——このようなことをまったくぬきにして考えてみても、前述の構成法はすみやかに退けられるべきである。何故なら、それは因襲的であり、音楽を「創り、そして思考する」という一つの語法に作り変えようとするであろうからである。批評家が因襲的な構成法をよりどころにするなら、彼の発言はきっと、私がいつかどこかで読んだことのある「ワーグナーにおけるデクラメーションの欠点」と題した論文と同じようなものになってしまうだろう。その論文には「もしワーグナーに先を越されていなかったなら、私はこんなふうにこのパッセージを書いたろうに」などと書かれている箇所があるのだ。

数年前のことであるが、私は自分のよく知っているシューベルトの歌曲の原詩の筋を全く知らなかったことに気づいて大層恥かしい思いをした。しかし、いざその詩を読み終えてみると、それによってその歌曲の理解に役立つものを何一つ得てはいないことに気づいたのである。何故なら、その詩は私のその音楽についての考えを少しも変えることを要求しなかったからである。

それどころか、たとえその詩を知らなくても、その内容——その本当の内容を言葉で表わされた単なる言葉のうわっつらに固執していた場合よりも、恐らくははるかに深く摑んでいたことが明白になったからである。しかしこのような経験よりも、私にとってははるかに決定的なことは、詩の最初の語句の響きの影響を受け、その詩の筋のはこびには少しの妨げを受けず、作曲の恍惚状態にまかせて筋をつかもうとすることさえもしないで多くの歌曲を作曲し、何日か経ってはじめて詩の実際の内容は何であったかとちょっとふり返ってみる、という方法を思いついたということである。

その時、非常に驚いたことは、最初の音との直接的なふれ合いに導かれて、必然的に次に続くべき音を私が明らかに見抜いた時以上にその詩人を正当に評価したことはない、というということが明らかになったのである。

その時から、芸術作品は他のあらゆる完璧な有機体に類似しているということが私にははっきりとわかった。芸術作品はその構造においてあまりにも同質的《ホモジユニアス》であるので、すべての細部はみなそのもっとも真実で奥深い本質を顕わすのである。人体のどこに傷をつけても出てくるのは同じ血なのである。ある詩の一行を読み、ある楽曲中の一つの小節を聴いた時、人はその全体を理解できる状態にいるわけである。しかしまた、それはそれとして一つの言葉、一つの目つき、身ぶり、歩きぶり、髪の色といったものさえも個性を表わすに十分である。従って、私はシューベルトの歌曲をその詩をも含めて音楽だけから完全に理解したし、ステファン・ゲオルゲの詩を分析や統合といった方法ではおよそ到達できないくらい完全にその響きだけから理解したのであった。しかしながら、このような印象は通常のちになって知性に語りかけ、知性がこれらの印象を一般的に適用するように下準備すること、それらを分解分類し、秤り、テストしてから、全体としてわれわれが所有しているものを解体して細目として解決することを要求するものである。芸術的創造物も、それが真の着想に到達する前にはしばしばこの廻りくどい道をたどるのである。カール・クラウスが言語を思考の母と呼び、ワシリー・カンディンスキーやオスカー・ココシュカが客観的テーマを色彩や形で画き出したり、いままでは音楽家だけが行なってきたような、自分の思うことを述べることの弁解以上のものではほとんどあり得ないような絵を画くのは、芸術についての知識が徐々に広がりつつある徴候である。それ故、私はカンディンスキーの『芸術における精神性について』という書を非常なよろこびをもって読んだのである。その中では絵画への道が指摘され、さらには、いまテキストや主題素材についてたずねている人達もやがてはもうこれらを問題にするのはやめるであろう、という希望が言われているからである。

そうなった時には、別の場合にすでに明らかにされたことがはっきりしてくるだろう。史料を基礎にして仕事をする詩人は最大限の自由をもって筆をすすめてよいし、画家は仮りにいまなお史実にもとづく絵を画きたいと思うのなら、なにも歴史学の教授と競争をする必要がないことを誰も疑わない。芸術作品は提示せんとするものに固執するべきなのであって、作品固有の動機にすぎないものに固執する必要はないのである。詩に合わせて作曲される音楽のすべてにおいて、詩の筋のはこびを正確に再現することは、肖像画がモデルに似ているかどうかということと同じで、芸術的価値とは無関係である。百年の後、肖像画とモデルの類似関係を調べるなどということは、もはや誰にとっても不可能である。一方、その絵の芸術的効果は依然として残っている。そしてその効果が残るのは、恐らく印象派画家達が信じていた如く、本物の人間——即ち、はっきりと絵に表現されている人間——がわれわれに語りかけるのではなく、画家がわれわれに語りかけるからなのである。

即ち、ここにおいて自分を表現した人間より高度の実在性において、その肖像画が似ているはずの人間の方がわれわれに語りかけるからなのである。このことを諒解するなら、デクラメーションやテンポやダイナミクスなどに示されるような音楽と歌詞との間の表面的な一致などというものは、内部の一致とはほとんど関係がなく、そのようなことはモデルの模写と同じ段階の初歩的なことがらにすぎないのだということが容易に理解できる。明白な表面的な相違は、より高度なパラレリズムのために必要であり得る、従って、歌詞によって判断するということは、炭素の特徴によってアルブミン蛋白を鑑定する程度の信頼性しかないのである。

（原題 The Relationship to the Text）

『グッレの歌』（作品番号なし）より

民族的音楽について

第一次大戦後の平和は、文化的にはまだその準備が決して整っていなかった国にも政治上の独立を与えた。六百万ないし一千万程度の人口から成る小国さえが、文化的な一つのまとまりとして、自己を表現する一つの国家としてみなされることを期待したのである。つまり、国民的特性がさまざまな方法——応用美術、織物、陶器、絵画、歌、演奏、作曲など——において、自己表現を行なう一つの国家としてみなされることを期待したのである。X町とY町とは三千フィートの山々で距てられているので、X町がY町のものとはかなり違った独自の習慣を育ててきているかもしれないのはもちろんである。ところが、両者ともが一般の承認を要求し、自国の産物を有利に売りつける機会を求めて「陽の当る場所」を得ようとくわだてたのである。取引きのバランスこそ彼等の模擬理想の背後にひそむ真意なのであった。

孤立だけが豊饒さを保証する道ではない。それどころか、逆にたとえどんなに貧弱なものであっても触れ合いは刺激となり得るのである。他方、人生に不可避の必然性、即ち、愛、哀悼、郷愁などの感情は、独立で、おそらく原始的と言ってよいような表現を見出すものである。人と離れて生活していようといまいと、人々は自分たち自身の言葉、自分たち自身の調べを見出しては自分自身の歌をつくり出すかも知れない。X町の調べとY町の調べの相違がドリア旋法とイオニア旋法の違いなどではないにしても、誇りとすべきものは十分存在するのである。

西パリノクシヤ南部の歌がフリギア的素地をもとにしながらもリディア的特徴を含んでいるのに対し、隣接地域のフラニモンテ北部ではその反対にリディア旋法の主体とする調べの中にフリギア的特徴の混入した音楽が存在する、ということもあり得る。このような違いは、地域のことをよく知っている人にとっては、その地域の個性的なことであることがよく理解できるのである。たとえばバルカン地方にもこのような違いがみられる。彼等の歌や踊りは、圧倒的な深みのある表現を持っており、旋律の形態は魅力的であることが多い。それはこよなく美しく人々は愛さずにはいられないほどである。

しかし、本当にこれらの音楽の始源の違いといったことに関心をむけるのは一般の音楽愛好家ではなく、このような分野を研究テーマとしている専門家なのである。

バルカン音楽の始源の違いを見極める、といった研究も高く評価されなければならないには違いないが、これらの違いは民族的音楽と芸術的音楽の間に存在する相違に較べれば取るに足りないほど小さいことがらなのである、ということを人々は認めるべきであろう。民族音楽と芸術音楽の相違は、あたかもオリーブ油と石油、聖水と普通の水のようなものであって、全く異質とは言わぬにせよ、もしこれらを下手にいっしょにすると、あたかも水と油を混ぜ合わせたような拙い結果が出てくるのである。ベートーベンでさえ『ラズモフスキー 弦楽四重奏曲』（作品五九）の第二番の主題に対しては、フガートという、どちらかというと単純な処理をやっと施すことができただけではないか。ベートーベンがこの主題をことさら"Thème Russe"としるしたのは、一方ではこの曲を献呈した貴族のパトロンに対する敬意からであったには違いないが、また一方では、委託に絡む障害を見抜くであろう音楽の大家たちに対する言い訳であったように思えてならないのである。この問題に対する理解を深めるためには、ベートーベンの第九交響曲のスケルツォ楽章における主題の処理法を比較検討してみることが有益であるように思える。この楽章においても、準対位法的な処理法が用いられているのだが、この楽章の第二主題は旋律的にみて第一主題の続きであると考えられる。これに反し、『ラズモフスキー』の第二主題は"Thème Russe"とはつながりのない、偶然的な付随的な存在にすぎないのである。この主題は極く単純な和声進行をその和声的基礎としており、対位法的組合せの必要条件とは矛盾している。またこの主題は、構成法が控え目であり、発展の可能性を思わせるものは皆無である。

フォークダンスとしてみるのなら"Thème Russe"はたしかに大変楽しいものと言える。ところが、現在ロシア音楽が存在しているということは何人かの大作曲家がロシアから出現したお蔭なのであって、ロシア民謡のお蔭ではないはずである。もし、いま述べたことが違うのなら、アイルランドやスコットランドにだって大交響曲が生まれていないはずである。何故なら、これらの国民の民間伝承は凌駕できない美しさを有し、目の覚めるような特徴に溢れているからである。一方ではその民族音楽はさほどにまで秀逸とは言えないいくつかの小さな国々が、スメタナ、グリーク、ショパン、リスト、ドヴォルザーク、シベリウスといった人々を音楽史上に送り出すことに成功している。注目すべきは、シベリウスが自分の音楽は自国の民族音楽にもとづいたものではないと主張していることである。そして私は、グリークにしてもそうなのではないかと思っている。ショパンのリズムはしばしばポーランドの舞踊がその基礎になっているが、和声的に見てもまた一部旋律的に言っても、彼の音楽は基本的には当時の中部ヨーロッパおよび西部ヨーロッパのスタイルとは違っていない。リストやスメタナについてもこれと同じことが言えるのである。

エクィゾティックな音階にもとづく民間伝承音楽や、極端にエクィゾティックな民族音楽は、もっと多くの、おそらくは多すぎると言ってよいくらいの特徴を示すものである。もし日本がアメリカ、イギリス、はてはドイツまでをも制覇することに成功していたならば、いったい音楽はどうなっていたろうと思うと、悪夢のような思いがする。日本人の音楽に対する考え方は、われわれのそれとはまるで違う。彼等の音階には和声的な裏づけがない。仮りにあったとしても、少なくとも彼等の和声に対する概念はわれわれの和声に対する概念とは同じではない。東アジアの音楽を愛する人達は、このようなモノディックな音楽は変化に富んでおり、あらゆる人間感情のニューアンスを表現するのに適している、という。これは本当かも知れない。しかし、われわれ西洋人の耳には、ああ！ まったく違ったふうに響くのである。仮りにこの種の旋律に和声的伴奏をつけることは不可能ではないとしても、それをこのような音階から論理的、あるいは自然的に抽出することは不可能であるに違いない。このことだけをとり上げてみても、このような音楽はわれわれの音楽の条件に従うより、むしろぶちこわしてしまうに違いないと思うのである。

（訳注・このようなシェーンベルクの日本音楽に対する考え方とは別に、日本和声の理論がその成立に際し、シェーンベルクに負うところが非常に大きかったことは興味深い。日本和声に対するまとまった理論をはじめて発表したのは箕作秋吉（一八九五～一九七一）である。彼は一九二九年、『五度圏和声』の理論を発表したが、その思考の過程は次のようなものである。

①日本の音階は五度の音列から出発している。

②シェーンベルクの『和声学』（一九二二）により、シェーンベルクの「四度圏和音」とは$\left(\frac{3}{2}\right)^{-n}$なる式でその根音に対する振動比数を表わすことのできる五度圏和音の下向音列によ

る和音であって、「五度圏和音」のイマジナリー・サイドであり、五度の音列と密接な関連を持っていることを知った。

③このことから、日本和声の基礎は$\left(\frac{3}{2}\right)^n$ n＝0, 1, 2, 3,……, n,（nは整数）なる式で、その根音に対する振動数比を表わされる諸音から成り立つ五度圏和音であると結論される。

と、いうものである。）

ジプシー音楽の音階はバルカン諸国のあいだでは影響力をもつようになってきており、われわれもそれを耳にする機会に恵まれている。しかし、このようなジプシー音楽も民族音楽と芸術音楽の間に存在する壁を破ることは不可能だったのである。ブラームスはジプシー音階をとり入れたことでよく知られているが、彼がジプシー音楽をとり入れた曲はせいぜいワルツかカドリールであったことに注意を向ける必要がある。楽曲構成がさらに高度な楽曲にジプシー音楽をとり入れる場合には、ただその香りを取り入れた自作の主題を創作する、という程度のことをしただけである。並はずれた旋律表現を行なうためにやむを得ず異国の地に足を踏み入れる、というようなことをブラームスは行なわなかった。このことは『弦楽五重奏曲　第二番　ト長調』（作品一一一）の最終楽章をみればよくわかるのである。リストの『ハンガリア狂詩曲』は『ルーマニア狂詩曲』や『チゴイネルワイゼン』よりもずっと難解な楽曲構成である。だがしかし、このような曲はほとんどが接続曲《ポウプリ》であり、バッハからブラームスに至る古典派の巨匠たちがファンタジーと呼んでいる楽曲よりもっと楽式的にルーズな構造になっている。

自然発生的な民間伝承には多くの美しさがある、と考えられているかもしれない。しかし「人間によって作られた」民謡の類いにはこのような名誉を受ける資格はないのである。何故なら、これらの音楽のポピュラリティーは、つまらないことからわき起った一般大衆の支持が支えになっているにすぎないからである。ジルハー、アプト、ネスラー、あるいは他の国の、いま名前をあげた連中と同じような作曲家達は、素朴さのかわりにセンチメンタリティーを持ち出すことによって素朴さを変造してしまったのである。彼等のやったことは、ただ町を歩いているホワイトカラーの概念を表現しただけのことにすぎないのである。より高度な作曲家のやることもこれと同じようなものである。〝民族調〟の歌曲の作曲にまで身を堕す時、彼等は自分の貴族的優越感を決して忘れ去ってはいないからである。彼等の書く音楽は少なくとも構成的には正確である。仮りに人間の左脚が短かすぎるなら、右脚は長すぎることによって補いをつけてくれるものである。ところが、多くのこのような模造品的な曲においては、きまって長すぎるフレーズが生じているのだが、短かすぎるフレーズがこれの補いをつけるというわけにはいかないのである。これに反し、自然発生的な民族音楽は常に完璧である。何故なら、それは即興から——つまりインスピレイションのひらめきから生まれたものであるからである。民族的な調べの単純な構造と、より大きな楽式にとっての必要条件の間に横たわるずれは、いままでに解決されたことはなかった。これは解決することの出来ないことがらなのである。単純な楽想に対して深遠な話法を適用することは禁物である。そのようなことをすれば、その曲は決してポピュラーになることはできないからである。「平行線とはいかなる部分をとっても距離の等しい線のことである」というウエブスターの説は誰にも理解されよう。ところが、「平行線とは無限において交わる線のことである」という科学公式が一般に理解され、行きわたるようになるためには、過剰の思索と想像力が必要とされるのである。

純粋な民族的な調べは極く狭い音域内にとどまり、単純な和声進行をその和声的基礎としているものである。たとえばバッハがコラールで用いているような旋律のフィギュレイションや和声の変化からは、新たな素材、コントラスト、副主題といったものは生じてこない。構造的に見るなら、大衆的な調べにおいては決して未解決な問題は残らず、結果は後になってから表面化してくるものである。大衆的な調べの構成要素となっているそれぞれのセグメントの間にはさほど食い違いは存在せず、ただいくつかのセグメントをそのまま並置してつけ加えていけばよいからである。セグメントにはそれ以上展開を求めるような要素は何もない。形式は内容をしっかりと持ちこたえ、小さくはあっても一箇の独立した構造を形成する。

これに比べ、動機は不完全であり、次に続く補足《エクスプラネイション》、透明化《クラリフィケイション》、解決《コンクリュージョン》、後続部《コンティヌエイション》などにかかっている。

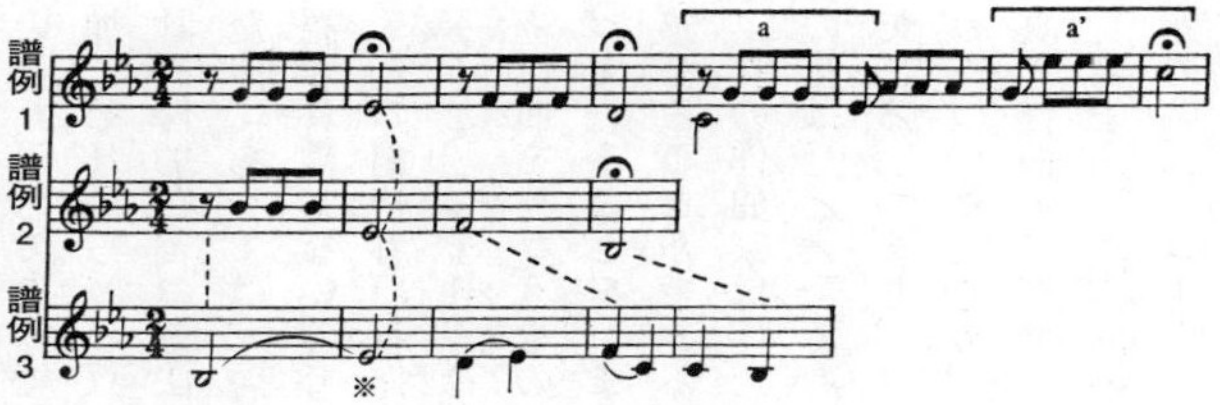

〈譜例1〉はベートーベンの第五交響曲の冒頭動機である。この動機はその後に続く第五小節目にある透明化のための和声や、ハ短調の主三和音を完成するために行なわれる[aにある三度音程を[a′に移置するための旋律のコンティヌエイションがなくても冒頭部の主音が変ホ音であることは明瞭に理解できる。

〈譜例2〉は推移部の動機がどのように冒頭動機中において重要な役割をはたしていた変ホ音とヘ音を、変ホ長調の主音および属音変ロ音をとりまくドとして「思い直し」をしていくさまを示したものである。

〈譜例3〉はこの曲の第二主題を示したものである。この第二主題が〈譜例1〉に示した第一主題とどのようにかかわり合いを持っているかよく検討してみるがよい。このような方法を、私は「発展変奏」と呼んでいるのである。

このような手法によって第二主題を導き出してきたフォーク・ソングは、私の記憶する限りでは皆無である。フォーク・ソングにおいては概して単に短い話を長く引きのばすための何らかの手法だけが用いられているのである。それらは短いフレーズの夥しいくり返しであって、異なった度上への移置、器楽法の変化、そして最近では不協和の付加、それからハリウッド・アレンジャー連中の、いわゆる対位法、即ち無関係な声部の余計な付加などの方法でやっと楽曲に変化を与えているのである。このようなわけでこうした曲にあっては、いちばん最初に提示されたこと以外のことは、その後においても何一つ語られはしないのである。

真の創造者たる作曲家は、未だ語られてはいない、しかも語らねばならないと感じていること、つまり、音楽愛好者への音楽によるメッセージを伝えねばならないと感じた時のみ作曲を行なうものである。フォーク・ソングの静的《スタティック》な処理といった既に語られてしまっていることを、またぞろ書きたいなどという衝動は、いったいどのような状態において感じることができるのであろうか。

真の作曲家は、ただ主題だけを作曲するなどということはあり得ないのである。リンゴの花はたとえ蕾であってもやがて実るべきリンゴ全体が細部にいたるまで含まれているのである。つまり、リンゴの蕾の中にある萌芽は、ただ熟し、大きくなり、リンゴとなり、リンゴの樹となり、やがて新しいリンゴの樹をまた生む力となりさえすればよいのである。真の作曲家の音楽の着想も、形而下的なことと同じく、その作品の総体を包括する単一の行為である。作品のアウトライン、テンポの特徴、ダイナミクス、主要主題および副次主題の関係、ムード、主題相互の対称や主題からの逸脱や派生、こういったことの全てが、たとえ萌芽状態とはいえ、そこには存在する。そして、旋律、主題、リズム、およびその他の多くのことがらの終局的形成が、その幼芽の発生力を通じて発展していくことになる。鶏の卵を鷲に抱かせてみるがよい。鷲のひなが孵えるだろうか。

民族的な調べをもっと大きな形式の主題として使用することも可能なのではないか、と弁護する人は、古典派の作曲家達が変奏曲の主題にコラールや民謡を用いていることをいうかも知れない。バッハはコラール・プレリュードにおいて主声部を伴奏する対位声部をコラールの旋律そのものから導き出してきていることがしばしばある。このような場合、これが発展成長していく可能性ないしは必然性は皆無であると言える。素朴な手法による変奏曲にあっては、いくつもの変奏が、その技を披瀝してやろうと考えているヴィルテゥオーゾ達に腕をふるわせる機会を与えてやることができる。このようなタイプの変奏曲においてもっぱら用いられているのは、すばやい音の動きを頼りにした展開法であって、器楽の特性をいかしたフィギュレイションの変化といった手法以外の手法は皆無といってよいくらい用いられてはいないのである。変奏曲という楽式の単純さは、民族的旋律の単純さに似つかわしい。芸術的に優れたこの種の作曲においては、《変奏の動機》と私が名づけている動機は主題とその動機の基本形態の発展変奏を通じてひき出されてくるのである。事実、このような手法は、確立したわれわれの西洋音楽においても存在するのである。このような変奏の動機は、旋律、主要主題、副主題、推移部、コデッタ、展開の行なわれている部分等を必要な対照とともに生み出している。

自然発生的なインスピレイションによってであれ、あるいは非常な努力の末であれ、いずれにせよこのような論理的な方法で自分の素材を生み出すことに慣れている真の作曲家が、自作の主題により、自分の方法で作曲を開始することを意識的に断念するなどということはめったにないことである。主題には多くの刺激になるような問題が含まれており、操作を必要とするに違いない。このような焦眉のことが楽曲の発芽状態においてすら存在し避け得ない、というようなことがないのなら、これ以上大きな形式は生まれないに違いない。真の意味における作曲とは、作曲されるものではなく着想されるものであり、こまごましたつけ加えなどは不必要なのである。子供が親に似ているように、楽曲とは最初の着想と完全に一致するものなのである。そうして創造の特徴というべき、想像を絶するとはいえ自然でもある奇蹟の例に洩れず、それはちょうど子供の第一歯、第二歯がはえてくるのと同じような現われ方をするのである。

同じような方法で、即ち、インスピレイションによって自然発生的に生まれてきたものでないのなら、真の民族音楽などは存在していないか、さもなければ生き残っていないはずであろう。シューベルトが友人達がダンスに興じているかたわらでワルツなどの舞曲を即興的に作曲するのが好きだった、という話は有名である。本物の民族音楽が音の上に音を、小セグメントの次に小セグメントを、といった具合にして苦心惨澹して作り上げられるなどということはあり得ないことである。民族的な調べは、吟遊詩人、叙情詩人、才能の士による即興歌や即興演奏であったのである。写真屋が実物より見ばえのする写真を撮ろうとして無理に安っぽいポーズをとらせたがることはよく知ってはいるのだが、左手をピアノに置き、右手にはエンピツを持って、永遠に残る音や和音を模索しているかのようなポーズをしている写真をみると、私はいつもこの人物はいったい、本当の作曲家、真の創造者なのだろうか、と疑いたくなるのである。

陽の当る場所を未だ獲得していない国々は、自国に天才を移植してくることが全能の神をよろこばすようになるまで待たなければならないだろう。このようなことがない限り、今後も相変らず作曲活動が彼等にとって単なる市場制覇の試みであり、また国民感情の表現であるにとどまるだろう。

言うまでもなく、君達の持つべきは魂なのである！

（原題 Folkloristic Symphonies）

芸術の創造と大衆性

音楽におけるプロフェッショナリズムは十九世紀に偉大な進歩をとげたのだった。しかし、この世紀の後四半世紀にまだ非常に多くのアマチュア音楽家が存在した。その程度は、下は第一ポジションだけしか弾けないバイオリン奏者から上は水際立った名人芸的な奏者までさまざまであった。毎週これらの人達は自分の家で音楽会を催した。彼らはピアノ・デュエット、バイオリンとチェロのソナタ、ピアノ・トリオ、弦楽四重奏などあらゆる種類の組合せのアンサンブルを楽しんだものである。そしてまた専門の音楽家も、音楽が好きだというだけの理由で、利益を目的としないで、弦楽四重奏やその他の楽器の組合せのアンサンブルを楽しんだものである。私自身も何回となくそのようなグループに参加したことがある。このようなアンサンブルを通じて、私は古典室内楽をやや包括的に学びとることができたのであった。アマチュアリズムの廃止は、玄人たちと張り合いたがるようになった素人の野心がもとである。その結果は音楽芸術にとって極めて破壊的であった。競争者たちは成功せんがためには、不都合な手段をもとらざるを得なかった。そしてさらに困ったことには、以前は素人として公平無私で、生活に困窮した不幸な芸術家の支援をいとわなかった人々、即ち、芸術の後援者であった人たちが、今度は自分たち自身を売り出しにかかっているということなのである。いままで音楽に金を費したり、音楽会に行ったり、音楽を楽しんだりしていた連中が、今度は後援を求めはじめたのである。

以前はまだ芸術家、演奏家、名人達のクラス分けが容易に、手っ取り早くできていたのに、作曲家や新たにかつぎ上げられた天才たちが雲霞の如く地平線上に立ち現われ始めたため、これらの連中の等級わけは前より困難となり、時間も余計かかるようになったのである。彼らのなかには技術を完全に修得し、少なくとも何かは知っているという者もあった。その他の者はうわっ面だけを習っただけのくせに、自分の常識的な才能を駆使して勤勉で真摯な作曲家と張り合い、成功したものである。

作曲をしようとする音楽家の数の増加に作曲を教える音楽家の数は比例して増加する。そして作曲家の水準の低下に対応して彼ら教師の水準も低下したのである。人は次のように言うにちがいない、即ち、自分自身も歴とした教わり方をしており、人にも自分の知識を伝えることのできた人も多勢いたし、また才能と経験を兼ね備えた作曲家もいて、彼らの中には過去あるいは現在の探究にまでもたずさわり、問題の解決を見出し、作曲技法を評論し、教授法を改善した人もあったかも知れない。また、直接作曲とは同じではない限られた分野のこと——たとえば和声学とか対位法とか——しか教えることができなかったり教えたがらなかったその道の専門家もいたではないか、と。だが、あいにくそのような連中の多くは自分自身が無能であるために、ほんの二、三のこつを知っているだけ、といった人間の数を増やすのを助けただけであったのである。教えるということが悪かったのではない、真に有害だったのは、これらの教師たちがプロであって、教えることで自分の生活を立てなければならなかったという条件だったのである。彼らはいきおい競争を意識せざるを得なかった。このことが意味したのは、「個人教授」、即ち、才能の乏しい連中のためには競争の圧力をより軽くしてはやるが、才能ある連中には逆にそれを必要なだけ重くはしてやらないということだったのである。何か平均を上まわることをしなければならないと考えることは、スポーツにおけるようには真実ではなかった。金払いのよい弟子たちを潤沢に抱えておきたいと思う教師は、才能、技術、勤勉さの面で自分の要求に手心を加えなければならなかった。もし弟子が交響曲やオペラを書く才能がないのなら、歌曲か短いピアノ曲を、そしてそれもだめならポピュラー・ミュージックだって書くこともできる、というわけである。個人教師は常にその弟子に何らかの成功を収めさせてやらなければならなかったのである。

私は、自分はそういったことは決してしなかった、と信じているのである。

私は自著『和声学』の中で私が個人的に教えたと書いたのは、弟子達のために最善を尽す努力を省いてやったということではなかった。私はカリキュラムの順序を変えた他は、音楽家として知っておかなければならぬ問題を省略したりしたのでは決してなかった、第一ページには難しすぎるいくつかの問題をもっと後にまわすことはできるだろう。より難しい課題のために準備練習を新たにつけ加えることもできるだろう。だが、私は学生に要求すべき主なものに関しては安易な妥協をしたことは一度もなかった。

真面目な音楽を書くつもりなどはない学生もいるにはいた。彼等はただポピュラー・ミュージック――オペレッタなど――だけを書くつもりだったのである。彼等のうちの大多数は自分の限界を認めているだけまあ誠実なのであって、彼等は自分の目標の限界をもよく知っていた。

私には、かつていっしょにハーモニーを始めた弟子がいた、二カ月ばかりすると彼はレッスンを受けるのを止めてしまった。彼はある大新聞の音楽批評補佐の口がかかっていたので、あまり音楽を知りすぎると自分の判断の自発性に望ましからぬ影響があるのではないかと怖れたのであった。何と、彼は批評家として、また教育家としても、成功したのであった。

教師をしていた頃、私は自分の知っていることだけを教えるというやり方を決してしないで、弟子が真に求めていたことを教えてやっていた。私は学生に「一つのスタイル」を教えてやったことはない。「一つのスタイル」とはある特定の作曲家の技巧上の癖のことで、当の巨匠にとっては苦しい問題の解決法であったかもしれないが、いまや単なるこつにまでなり下ってしまっていることがらにすぎないからである。私が『和声学』の序文で、あらゆる学生の個人的な必要に役立つものを何か考案しようと努力したと述べたのは、一人の学生のために苦しい問題の解決を楽にしてやったということではなかったのである。

私が一つの主な要求を主張していたことから、特に以上のことがいえるのである。つまり、作曲家たるものは、その作品が完成しそうにみえる晩まで、今日もまた明日もその次の日もまたといったふうに、二小節、八小節、十六小節、というような方法では作曲していってはならないのである。一つの作品は総合的に、単一のインスピレイションの働きのもとに着想すべきなのである。自分の楽想に陶酔しながら、こまごまとした細目には構わず、できるだけ多くを書きおろしていくべきなのである。不満な箇所があれば後からつけ加えることもできれば、後で完成することもやろうと思えばできるのである。作曲家たる者は自分の音楽の先の先まで見通せなくてはならないと私はいつも言っていた。未来全体、その楽想の運命全体を一度に思索し、考えられる限りの細目にあらかじめそなえておく。このことは男性的な思考方法であるように思える。これは一人の男が自分の家を建て、自分の業務の筋道をたて、自分の戦に備えるやり方である。もう一つは女性的方法で、それは優れた理解力によって一つの問題のいちばん近い成り行きは斟酌するが、もっとかけ離れた事件にそなえることはできない、といったやり方である。何故なら、作品が永く保つかどうかなどは考慮しないで、ただ目の前で望ましいものさえ出来あがることがわかれば、もっとも高価な材料さえ使いかねないからである。流行おくれになるほど長くもつ作品を作る必要はないのである。このような方法は、他のどの材料ともぴったり合うかどうかといった心配などはせずに、サラダの用意をするような料理人のやり方である。フレンチソース――あるいはひょっとしたらフレンチロシアソースであるかもしれないが――があるから、それをその上にかけなさい、そうすればこれで全部がよく合うようになるだろうというのである。このような忠告に従って作曲することは、おおよそのあるスタイルを創り出すということである。私は、作曲を奨励しなかったのは自分の長所の一つだと思っている。私は何百人もの弟子たちに、「君たちの創造的能力を過大評価なぞしていないぞ」といわんばかりの態度でいままで過してきた。私は作曲をわざと難しいものにしたと言うつもりはない。私は弟子たちの作曲に全然コントロールを加えなかったということである。次の事実を見てもらえばこのことははっきりする。

長年、私は、二重対位法の分野で自分のなしたいくつかの発見を自分の弟子たちに教えてやろうとしたものだが、無駄であった。私は、弟子たちのために考えられる限りの方法で教えるべきことを公式化しようと骨折ったが、成功しなかったのである。たった一度だけであるが、それまで持った中の最良のクラスの一つで、この問題とその解決法について教えるのはこれが最後であると考えた私は、クラスの者たちに私のやり方から学んだ方法を参考にして次のレッスンまでに何か一つ書いてくるように、と言っておいた。

結果は最大の失望を味わうことだった。たった一人だけが私の助言を利用しようと努力してきたのであるが、その彼も残りの連中と同じくらいに、私の言ったことの意味を取りちがえていたのだった。

この経験は私に一つの教訓を与えてくれた。秘伝とは教えることのできないものなのである。それは生得的に備わっているものであり、もしそうでないのなら存在しないものなのである。

これはまた、トーマス・マンのアドリアン・レーヴァーキューンが十二音による作曲の基本的要素を解さない理由でもある（訳注・トーマス・マンの『ファウスト博士』の副題「友人の語るドイツ作曲家　アドリアン・レーヴァーキューンの生涯」のことを言っている）。彼の知識はそっくりアドルノ氏から得たものであるが、氏は私が自分の弟子たちに語り得たわずかのことしか知っていないのである。真の事実とは、たぶん、求めずに与えられたある才能によってそれを受け継ぐ者が現われるまで秘伝にとどまるだろう。

私の要求の厳しさは、また何百という私の弟子の中から、ヴェーベルン、ベルク、アイスラー、ランクル、チリッヒ、ゲルハルト、ハンネンハイム、ストランク、ヴァイスといったほんの少数の者しかが作曲家に育たなかった理由でもある。少なくとも私は、いまここにあげた人達のことしか耳にしていない。さらにもう一つの結果がそこから生じた。それは私の弟子達は全部が全部お互い同士極端に違っている、ということである。大多数は十二音技法によって曲を書いているのだが、全員を一つの楽派と呼ぶことはできないのである。彼等はみな自分の方法を一人で求めなければならなかった。彼等はまさにそれをやってのけたのである。十二音技法の諸規則との対決にしても、一人一人が自分独自の方法において行なったのである。

私が自分の学生に一つのスタイルを教えることができないでいるのに対し――たとえそうすることに対する自分の嫌悪感を克服できたとしても、私はそうすることができなかったことを認めるのだが――そんなことはわけもなくできる、という教師もいる。このことだけが出来るのだ、という教師すらいるのである。

このようなわけで、われわれはさまざまな国のさまざまな国民性を有する非常に多くの作曲家たちにお目にかかるのだが、彼等は同じ種類の音楽――少なくともあまりによく似ているので、その国民性の問題を全く別にすればお互い同士区別できないような言葉――を書いている。料理人が製法を述べるような具合に作曲に対するアドヴァイスが語られている。諸君は失敗するようなことはない。製法は信頼できるのだから。その結果は――誰もが失敗せず、自分以外の人達と同じようにうまく作れるのである。

驚くべきことだが、違った国民性で、同じものを書いているにもかかわらず、各々それが自国のスタイルだと思っているのだ。

それこそ現代の音楽における正真正銘のインターナショナリズムというものである。

（原題 The Blessing of the Dressing）

自画像

シェーンベルクの用語について

上田　昭

シェーンベルクの論文や著書においては、しばしば独特の用語が用いられている。

新しいことを述べるため、新しい用語の創出が不可欠であったり、信念にもとづいて従来から一般に用いられてきた術語にかわる新しい用語を創り出したり、あるいは特に独特の言葉とは言えないかも知れないが、いわば彼によってしばしば使いならされているイデオムといったものもあり、さまざまである。一読して意味の通じるものもある反面、なじみが薄く、必ずしも容易に意味の汲みとれぬものもあるかも知れない。

本書に出てくる彼の用語を解説しよう。

伴奏動機　The motive of the accompaniment

伴奏部を統一あるものにするため、伴奏部も一つのきまった一種の動機を基にして作製しなければいけない。このために設定されるのが伴奏動機である。

動機型 Motive form

基本動機をあらゆる機能に適応させるべく、さまざまに実質的に変化させた型。

リクイデイション（楽想の整理） Liquidation

種々の特徴ある要素を次第に少なくしていくこと。これがすすむと最後には基本動機と共通することのないものだけが残り、もはやつづきの部分の存在価値が否定される。終止、楽段の区切りなどの部分に用いられる。

発展変奏 Developing variation

基本動機を変奏しながら楽想を展開していくこと。

不協和音の解放 Emancipation of dissonance

不協和音とは協和音に比べ倍音列中のより遠く基音からへだたった音であるにすぎない。基音への近親性は基音により近いものに比べて劣るが、現代人の耳には不協和音のかもし出す感覚妨害の効果は次第に薄いものになってきている。かつて短三度の解放が正当化されたように、いまやこれまでは不協和音と考えられていた音の解放も正当化されるべきである、というのがシェーンベルクの考え方である。

遠心的和声 Centrifugal harmony
求心的和声 Centripital harmony
和声の求心的機能とは、一つのトニカを中心として明確な調性を確立しようとする機能のことである。反面、和音にはトニカの束縛からのがれ、自らトニカ性を主張したり、別のトニカのもとに向ったりしようとする傾向がある。これが和声の遠心的機能である。転調が起り一つの調から他の調領域に向うのは和声の遠心的機能が強まったためである。

展開部 Durchführung
展開の行なわれている部分 Elaboration
ソナタ形式の第二部は、英語では一般的には Development, Elaboration, workout と呼ばれている。しかし、主題の展開はなにもいわゆる展開部だけで行なわれているのではなく、楽曲中のいたるところにおいて行なわれているのが普通である。およそ音楽は基本動機を発展させることにより成り立っており、このことなしに音楽はあり得ない。シェーンベルクは**展開の行なわれている部分**をすべて Elaboration と呼び、第一部において呈示された主題とそれから派生した楽想が多くの、そして遠く離れた調的領域を通り抜け展開する第二部を指す用語としては Durchführung とよんでいる。

ゆれ動く和声　Roving harmony

徘徊浮遊性の和声　Vagrant harmony

ゆれ動く和声とは、一つの調性を明確に表明するのでもなく、また新しい調性を確立しようというのでもない、あいまいな和声のゆれ動きのことである。このような和声法の基礎になっているのは和音の意義の二重性である。このような和声法を行なうには浮遊性の高い和音を多用するのがよい方法である。浮遊性の高い和音とは、たとえば「減七の和音」などのようにいくつもの調に所属することのできる旗色の不鮮明な流動的な和音のことである。このような和音を多用すると、和声は徘徊浮遊性に富んだものになり、明確な調性を主張する代りにさまざまな調領域の間をただようことになる。

豊かに変形された和声　Enriched harmony

長調にせよ短調にせよ、その調の固有の和音のみをもっぱら用いる時、もっとも強くその調の調性感が表出される。しかし、時代が進み美意識、音感覚の変化とともに、次第に半音階変化をより多く伴った和声法が行なわれるようになった。このことがさらにすすむと調性和声は爛熟↓崩壊への道をたどる。豊かに変形された和声とは、変化和音、転調などが導入され、本来の調性が美しく豊かに変形された和声法のことである。

センテンス　Sentence
ピリオッド　Period

楽曲の構成は、一般には、動機、小楽節、大楽節というように定着した用語でその成立のしくみが説明されている。シェーンベルクの方法は、大楽節内部の構成法にさらに深い検討を加えて分類しようというものである。

センテンスは二小節の単位で始まり、多かれ少なかれ、ゼクエンツなど対称的なくり返しを含む反復が次（第三〜四小節目）につづく。第六小節目は第五小節目のゼクエンツであることが多く、第七〜八小節目にはカデンツがきて八小節をとじる。

ピリオッドは四小節単位の二つの部分からなっている。前半はⅤの和音に終止し、（半終止と一般に呼ばれている）後楽節は前半、前楽節の反復を含みながら、長調の場合、ⅠまたはⅤ、Ⅲの和音に、短調の場合、ⅠまたはⅢ、Ⅴの和音に完全終止するようなものを指している。

（譜例の説明がないので、あるいはわかりにくいかも知れない。詳しくはシェーンベルク著、邦訳書名『和声法』一三一〜一三六ページを参照されたい。）

最少音符増加傾向の原則

楽曲のいずれの部分たるを問わず、ひとたびそれまでですでに出現した音に比べて音価が最小の音が出現すると、この音符は楽曲のその後の部分に影響を与え、最小音価音は次第に数を増し、楽曲は後の部分ほど速くなっていく傾向がある。

訳者あとがき

アーノルト・シェーンベルクは、一八七四年ウィーンに生まれ、一九五一年ロスアンジェルスに没した。彼は多才な人であった。彼は疑いもなく今世紀の生んだ最大の作曲家の一人である。作品番号にしてちょうど五十、作品番号の重複や、未完成ながら重要な価値を持つ作品を入れると実際にはもう少し多い数の作品を書き残しているが、それらはいずれもきわめて価値の高い作品である。彼は秀でた理論家でもあり、鋭い評論家でもあった。彼は「和声学」「和声の構造的諸機能」をはじめとするきわめて質の高い理論書を書き残しているほか、一部の音楽以外のテーマを取扱ったものをも含めて、実に六百編以上もの論文を発表しているのである。彼はまた、きわめて教育熱心な人でもあった。「音楽教育の方法と目的」において彼自身も述べているように、厳しい彼の教育の成果として、アルバン・ベルク、アントン・ヴェーベルンをはじめとする幾多の逸材が世に送り出されていった。

シェーンベルクがその生涯において行なった数多くの仕事のうち、発表当時世の関心を最も惹きつけたのは、なんといっても十二音技法の創始、という当時としては真にセンセイショナルな仕事であった。たしかにこのことはシェーンベルクが人生をかけた、と言ってもよい大きな仕事であった。そしてこのことが彼の名を現代音楽史上いちはやく不動のものとすることに役立ったのは事実である。しかし反面、このことが一時にせよ世の関心を彼の音楽そのものというよりもむしろ新奇な技法、という外面的なものにのみ向けさせてしまう、といった結果を招いたこともまた事実だったのである。

作品を綿密に分析することによってその作品の価値のよってたつところに鋭い観察の目を向けよう、というのがシェーンベルクの一貫した方法である。「革新主義者ブラームス」において、読者はこのようなシェーンベルクの厳密な楽曲分析の方法の一端を知り、彼の過去に対する暖いまなざしを感じるに違いない。「十二音による作曲」は、シェーンベルクが自己の創始した十二音技法について詳述したものとして、音楽史上有名な論文である。

はてしなく長い音楽文化の歴史を眺め渡してみるとき、ある時代、ある地域を中心としてある種の音楽が栄え、そして滅びていく、という栄枯盛衰のさまを知るのである。あるmode（旋法）はときとして発生の地をこえ、あまねくいきわたるmode（流行）となり得る。反面、流行が発生の地をこえることなく終る民族法も多く存在することは周知の通りである。長音階および短音階の二つの旋法は、成立このかた、主としてドイツ文化圏において発展をとげながらもあまねく世界を制覇したのであった。「日本旋法もカリキュラムに含めよう」「わらべうたで音楽教育を始めては」といった論議が今日になってようやく高くなってきた、ということほど、われわれが如何に自然に《洋楽》を受けたか、ということの証明はないだろう。反面、《ドイツ伝統音楽とその発展の当然の帰着としての自己の技法を信じ、愛してやまなかった》シェーンベルクの日本音楽に対する拒絶反応ぶりが赤裸に吐露されている「民族的音楽について」は、日本人にとって、賛否は読者のそれぞれとして、非常に興味深い。

さて、本書は、シェーンベルクが折にふれ発表した多くの論文中の中から十五編を、シェーンベルク研究家として名高い Dika Newlin 女史が選び出し、一九五〇年に "Style and Idea" と題して英国の Williams & Norgate 社から出版したものをもとに、さらにその中からわれわれにとって興味深いと思われる十編を選び、翻訳したものである。急速に世の中のすすむ今日にあって、ここに述べられていることがらの細部が事実とは違ってしまっていたり、たとえ話がいかにも時代おくれになってしまったりしているような箇所もないわけではないが、そのことは本書の価値とは別である。

本書は単なる技術書とは異なり著書が直接に自己の音楽的信念を吐露した論文集であるだけに翻訳にあたってはどのようにすれば著書の真意がもっとも良く伝わるかと浅学の身

にむち打って鋭意努力したつもりである。論及の行なわれている部分はもとより比喩、引用の行なわれている箇所においても文章を不用意に置き替える、などといったたぐいの訳者としての越権行為は行なわなかったつもりである。ただし純粋な技術論にわたる部分においては著書の意を完全に伝えるべく細心に配慮しつつも、もっとも自然な日本語にするべく、ある程度の書き替えを行なっている。またすでに述べたようにシェーンベルクには独自の音楽語用法があるのだが、必ずしも彼の信念とはかかわりがないと思われる術語については英文原書の語法から離れて我が国の楽界においてもっとも広く用いられている用語に書き替えておいた。BSをO_1と書き替えた、などがその例である。

シェーンベルクの御遺族ローレンス・シェーンベルク教授より本書の翻訳をすすめるようにとの御厚意ある書信をいただいてからもう三年の年月が経過している。思いがけぬ事情のため当書が世に出るのが予定よりかなりおくれてしまったがこのたび刊行されることになったのは訳者の大きなよろこびである。原書は極めて価値の高い興味ある著作である。訳者の浅学に起因する不備があるいはあるかも知れないが読者諸氏のお許しを得て拙訳がささやかなりともお役に立つことができれば幸いである。

当書が出版されるまでには多くの方々のお力添えをいただいている。

まずは当書の出版を心よくお引き受け下さった三一書房のみなさんにお礼を申し上げる次第である。

つぎには拙訳の完成に際して原著への深い読解力をもって私をお助け下さった高橋国雄・千代子御夫妻に格段の感謝の意を表させていただく次第である。

また、いちいち列記することはしなかったが原稿や譜例の整理には多くの方々の御協力をいただいている。これらの方々にも、深い感謝の気持を表させていただく次第である。

一九七三年七月

訳　者

文庫解説

岡田 暁生

スタイルとアイデア――この原題の中にすべては要約されている。「スタイル」とは表現形式ないし型ないしパターン、「アイデア」とは表現内容や楽想やインスピレーションととりあえず考えておいていいだろう。本書を貫いているのは様式と理念の間の弁証法的磁場だ。あるときは「わが音楽スタイル」について、あるときは「わが創造の思想」について回想録風に大家然と語るといったことを、シェーンベルクはしない。この本を貫くのはもっと切迫した何か、「そもそも表現とは一体何なのか?」「いかにして想念は伝達可能なかたちとなるのか?」「それとも表現が他者に理解されるなど不可能事なのか?」といった問いである。

端的に言ってシェーンベルクにとっての作曲とは、本能の営みであった。ほとんど動物的と言いたくなるほどの獰猛な表現衝動――音楽史でもこれだけ強烈な表現本能と直観と嗅覚を備えていた作曲家は、ざらにはいない。よくシェーンベルク作品を「理屈先行の頭でっかち」とか「実際の響きとは無関係に科学のように机の上で書かれた音楽」と呼ぶむきがあるが、これはとんでもない誤解である。シェーンベルクはすさまじい勢いで一気に曲を仕上げることで有名だった。爆発的な表現衝動に突き動かされて筆を走らせるタイプであった。

シェーンベルクは音楽家にとってほとんど不可欠といっていい早期教育をまったく受けず、二〇歳ごろからアレクサンダー・ツェムリンスキーに作曲を学び始めるまで、ほぼ独学だった。しかし本格的にレッスンを受け始めるや数年で、彼は世にも美しい歌曲を次々と完成させた。作品1や作品2がそれだ。これらの歌曲をためしに聴いてみるがいい。これが作曲の勉強を始めて数年しかたっていない若者の作品とは信じられないだろう。ブラームスの堅牢で重厚なスタイルとワーグナー楽劇の圧倒的な陶酔のエッセンスが、これらわずか数分の歌曲の中に圧縮されている。

本書においては「形式本能」とか「表現衝動」といった言葉が頻出する。シェーンベルクが世紀転換期の表現主義運動の只中にいた人物であり、とりわけ『青騎士』のメンバーとしてカンディンスキーと非常に親しかったことは有名だが、彼にとっての作曲とは「内面の噴出」ともいうべき激越な営みであった。新古典主義の時代においてフォルマリズムに転じたストラヴィンスキーとは対照的に、シェーンベルクは「内面表現としての芸術」という理念に、原理主義的といっていいほどの忠誠を誓っていた。こんなシェーンベルクの創作がどんなものであったかを知るには、『青騎士』のために書かれた「詩との関係」を読むのがいい。ここでシェーンベルクは、作曲する際に詩をいちいち全部読み込んだりしないと言い放っている。最初の一行を読んだ瞬間に「全体」が分かる、何かがひらめき、それに導かれて一気に作曲するのである。彼にとって創作とは、夢の中で受ける真理の啓示に似ていた。

こんな「表現至上主義者」ともいうべきシェーンベルクが何よりも嫌ったのが、「埋め草」である。「パターン」である。本当に書きたいと思ってもいない音を（作曲業界における俗語表現を使えば）「手で書く」ことである。すべての音符はやむにやまれぬ衝動をもって書かねばならないのである。教師としての自分は「弟子が真に求めていることを教えた」（316ページ）とあるのは、まさにその意味だ。ちなみにシェーンベルクの弟子だったアルバン・ベルクの教授法について、面白い逸話が残っている。レッスンのときのベルクは、生徒がもってきた作品を添削しながら、ときどき立ち止まって「あなたは本当にこの音が欲しかったのですか？」と尋ねることがあった。すると指摘を受けた生徒の方は、その音が本当に頭の中で響いていたのではなく、なんとなく「そういう風に書けばそれらしいかな……」と手だけで書いていたことに気づかされたのだという。この教授法は間違いなくベルクの師シェーンベルクから継がれたものであっただろう。

「自分が本当に欲してはいない音」とはマニュアルで書いた音である。そしてマニュアルの最たるものが、シェーンベルクにとっては「調性」であった。例えばソシレファのドミナント和音が鳴ったとする。それがドミソのトニカに解決するのは、作曲者が本当にそれを欲したからではない。マニュアルではそう解決することになっているから、である。こうした手書きの音とはつまり、埋め草や装飾に他ならない。これこそ表現原理主義者ともいうべきシェーンベルクにとって、最も唾棄すべきものであった。そして「決まり文句」に対するこうした激越な批判こそ、シェーンベルクをして――世紀転換期ウィーンの空気を共に吸った――カール・クラウスやヴィトゲンシュタイン、そして何より『装飾と犯罪』の著書で知られる建築家アドルフ・ロースの同時代人たらしめているものである。

細部の一音に至るまで「何かを言う」こと――このシェーンベルクの理念が端的にあらわれている術語が、「発展的変奏」であり「音楽的散文」である。「革新主義者ブラームス」を読めばわかるよう、音楽的散文とは「4小節＋4小節で一つのメロディー」といった紋切り型ではない、自由に伸縮するフレーズのことである。そして発展的変奏とは、同じフレーズを機械的に反復するのではなく、現れるたび少しずつ変奏を加えることだ。シェーンベルクが考えていたのは、絶えず伸び縮みし呼吸し生長していく音楽だった。ここからも分かるよう、シェーンベルクが何より嫌ったのは図式的でメカニックな音楽である。彼にとって音楽とは有機体であり、その意味でシェーンベルクは骨の髄までロマン主義者だった。

自ら考案した十二音技法に対して、シェーンベルクがしばしば忌避感を示したことも、ここから説明がつくはずである。通常レッスンで彼は、弟子に十二音技法を教えようとはしなかった。自分の教条を弟子に押しつけ、そうやって世間に広めようとするような教師ではなかったわけだ。それどころか彼は、自分の名前が十二音技法に結びつけられることを、極度に嫌っていた。「芸術の創造と大衆性」というエッセイの中で唐突に「アドルノ氏」の名前が出てくる箇所に注意されたい（319ページ）。作曲家アドリアン・レーヴァーキューンを主人公とする畢生の長編小説『ファウストゥス博士』の執筆に際して、音楽関係の情報についてのトーマス・マンのインフォーマントの役割をしたのがアドルノであった。そしてマンはアドルノ経由での「十二音技法の作曲家としてのシェーンベルク」をレーヴァーキューンのモデルにしたのだが、これがシェーンベルクの癇に障った。この小説で十二音技法が難解で秘教的な「マニュアル」として描かれたことに、彼は我慢ならなかったのである。

シェーンベルクはすぐれた作曲教師として名高かった人だが、前述のように彼はレッスンで十二音技法を教えることはほとんどなく、授業時間のほとんどは過去の名作――バッハ、モーツァルト、ベートーヴェン、シューベルト、ブラームスなど――の分析に充てられていたという。そして本書の中でも最も有名な論文「革新主義者ブラームス」では、ブラームス作品の分析の形を借りながら、シェーンベルクは自身の作曲法について語っている。彼は分析を通して過去に自分の作品を接続させようとした。また本書巻頭の論文における「バッハは最初の十二音作曲家だった」という発言にも注目しよう（26ページ）。彼はことあるごと自分のスタイルが過去名作の忠実な発展であると主張した。ただの革命家と思われるのが大嫌いだったのだ（実際彼は政治的には頑迷なほどの保守主義者だったといわれる）。ブラームスと同じく保守的革命家になりたかったのである。

世評とは対照的にシェーンベルクは、自分のことを歴史を断絶させる革命家ではないと思っていた。過去を継承し、それを前へ進めるのだと考えていた。ストラヴィンスキー――二〇世紀音楽史におけるシェーンベルクの最大のライバルだったといっていいだろう——は、とりわけ新古典主義時代に入って以後、音楽史を前進させることを嘲笑し、ほとんどポストモダン的ともいえるような、過去をパロディー化する路線に転じた。対するにシェーンベルクは直線的な歴史の前進を信じるモダニストであった。だからこそ彼は、民族主義における素朴回帰に対しても容赦なかった（「民族的音楽について」）。

彼は「過去に戻る」ことを厳しく自分に禁じていた。そもそも調性言語にまだ依っていた既述の作品1や作品2の歌曲集、あるいは『浄められた夜』ほど美しく甘美なロマン派音楽があっただろうか？　並みの作曲家であれば、この語法の中に生涯安住し続けただろう。だがシェーンベルクはそれをしなかった。たとえ苦難の道が待っていようとも、歴史は前へ進めねばならないのである。その姿はどこか旧約聖書の預言者モーゼ――シェーンベルクが生涯特別な感情を抱いていた――に似ている。

この「直線的な発展としてのモダン的歴史観」という文脈で重要になるのが、「協和音と不協和音の区別は相対的なものにすぎない」という考え方である。伝統的に協和音と不協和音の区別は自然的所与だと思われていた。つまり振動数の比率が正数倍だと協和して聞こえる（例えばオクターヴや五度や三度）という科学的な根拠があるのだから、協和音と不協和音の違いは不変かつ普遍だと信じられていたのである。しかしシェーンベルクは両者の違いが相対的だと喝破した。過去において不協和音だと思われていた音程も、耳が慣れてくるに従って、次第に協和して聞こえるようになるものだと見抜いたのである。これを言い換えるなら、音楽における美の基準に不滅のものなどない、すべては歴史の産物であり、従って相対的であり、人間界の変転に属するものだということになる。

ちなみに、一般に不協和音だらけの「音楽」だと思われているシェーンベルクの無調作品――彼は「無調」という言葉を非常に嫌っていた――であるが、優れた演奏者の手にかかるとそれが世にも美しい響きに満たされていることが分かる。ドとミとソしかない三和音などよりも、一オクターヴ内の十二の音の大半が同時に鳴り響く無調作品の方が、実はよほど豊穣に協和的に響くのである。音楽の歴史とは同時に鳴り響く音の数がどんどん増えていくプロセスである。次第に人間の耳は慣れてきて、八つや九つもの音が同時に鳴っても美しいと感じるようになる。だからこそ歴史プロセスをさらに前進させるべく、十二の音が同時に鳴ることも可能な音楽を書かねばならないのである。シェーンベルクは十二音技法を、自分の恣意的な発明などではなく、歴史の必然だと考えていた。

ただしシェーンベルク自身がどれだけ十二音技法をマニュアルと受け止められることを嫌がっていたとしても、確かにそこには「システム」的な発想があることを看過してはならないだろう。「十二音による作曲」で述べられているよう、これは特定の音が繰り返し出てきて「中心」が生じてしまうことを、システマティックに回避するためのマニュアルだったという側面が、確かにあるのである。実際第二次大戦後になると、シェーンベルクが音高の次元にのみ使った音列技法が、音価（リズム）やアタックや音強の次元にまで拡張されていく。いわゆるセリー音楽である。これは音楽のトータル・システム化ともいうべき手法であり、マニュアルによる自動作曲すれすれのものだったことは否定できない。もちろんシェーンベルクにとって何より重要だったのは、細部の一音に至るまで表現衝動で充たされきっていることであった。そして単なるマニュアルへと劣化してしまった調性語法を脱するための最大のツールが十二音技法であった。だがツールは常に新手のマニュアルに堕する危険をはらんでいたわけだ。

にもかかわらずシェーンベルクは、マニュアル化がいやだと座して理念を語るだけの夢想家ではなかった。真の芸術家が常にそうであるよう、骨の髄まで現実主義者であった。理念はお題目ではなく、必ずや実現されねばならないと確信していた。その意味で本書において注目すべきは、「わかりやすさ」という術語である。「十二音による作曲」でも、音楽において最も重要なのはわかるようにすることであり、形式とはそのためのツールだという意味の発言があり（167ページ）、協和音と不協和音の違いは分かりやすさの違いだとも述べられている（169ページ）。端的にいえば「わかりやすさ」とは「聴き手にきちんと感得できるように作り込む」ことである。理念がどれほど高邁でも、きちんと作品として実現されず、あやふやなままではだめなのである。そしてそのためには方法論が必要なのだ。

「スタイル」とは「アイデア」を「わかるようにする」ためのツールである。しかし意地悪くいうならば、ツールは反復可能だからツールなのだとも考えられる。アイデアを伝達可能なものにしようとするとツールが要る。しかしツールは繰り返し使うとあっという間にパターンへ劣化する。そしてパターンを使って表現されたものは、もはや真の表現とはなりえない。にもかかわらず芸術はなにものかについて言わねばならぬ。創造者はヴィトゲンシュタインのように「言いえぬものについては口をつぐむべし」と表現を断念してはならない。――答えなどどこにもないこのアポリアの中で、苦行僧のように葛藤し続けた二〇世紀音楽の預言者。それがシェーンベルクであった。

本書は一九七三年九月一五日、三一書房より『音楽の様式と思想』として刊行されたものである。

文庫化に際しては、原書 *Style and Idea*, Philosophical Liblary, 1950と *Style and Idea; Selected Writings*, University of California Press, 1984を参考にしつつ、譜例等に訂正を加えた。また編集部による若干の補注は［ ］に入れてある。

S, M, L, XL+
レム・コールハース
太田佳代子／渡辺佐智江訳

世界的建築家の代表作がついに！　伝説の書のコア・エッセイにその後の主要作を加えた日本版オリジナル編集。彼の思索のエッセンスが詰まった一冊。

東京都市計画物語
越澤明

関東大震災の復興事業から東京オリンピックに向けての都市改造まで、四〇年にわたる都市計画の展開と挫折をたどりつつ新たな問題を提起する。

新版大東京案内（上）
今和次郎編纂

昭和初年の東京の姿を、都市フィールドワークの先駆者が活写した名著。上巻には交通機関や官庁、デパート、盛り場、遊興、味覚などを収録。

グローバル・シティ
サスキア・サッセン
伊豫谷登士翁監訳
大井由紀／髙橋華生子訳

世界の経済活動は分散したのではない、特権的な大都市に集中したのだ。国民国家の枠組みを超えて発生する世界の新秩序と格差拡大を暴く衝撃の必読書。

東京の空間人類学
陣内秀信

東京、このふしぎな都市空間を深層から探り、明快に解読した定番本。基層の地形、江戸の記憶、近代の都市造形が、ここに甦る。図版多数。（川本三郎）

東京の地霊《ゲニウス・ロキ》
鈴木博之

日本橋室町、紀尾井町、上野の森……。その土地に堆積した数奇な歴史・固有の記憶を軸に、都内13カ所の土地を考察する「東京物語」。（藤森照信／石山修武）

空間の経験
イーフー・トゥアン
山本浩訳

人間にとって空間と場所とは何か？　それはどんな経験なのか？　基本的なモチーフを提示する空間論の必読図書。（A・ベルク／小松和彦）

個人空間の誕生
イーフー・トゥアン
阿部一訳

広間での雑居から個室住まいへ。回し食いから個々人用食器の成立へ。多様なかたちで起こった「空間の分節化」を通覧し、近代人の意識の発生をみる。

自然の家
フランク・ロイド・ライト
富岡義人訳

いかにして人間の住まいと自然は調和をとりうるか。建築家F・L・ライトの思想と美学が凝縮された名著を新訳。最新知見をもりこんだ解説付。

マルセイユのユニテ・ダビタシオン
ル・コルビュジエ
山名善之／戸田穣訳
近代建築の巨匠による集合住宅ユニテ・ダビタシオン。そこには住宅から都市まで、ル・コルビュジエの思想が集約されていた。充実の解説付。

都市への権利
アンリ・ルフェーヴル
森本和夫訳
都市現実は我々利用者のためにある！――産業化社会に抗するシチュアシオニスム運動の中、人間の主体性に基づく都市を提唱する。（南後由和）

場所の現象学
エドワード・レルフ
高野岳彦／阿部隆／石山美也子訳
〈没場所性〉が支配する現代において〈場所のセンス再生の可能性〉はあるのか。空間創出行為を実践的に理解しようとする社会的場所論の決定版。

都市景観の20世紀
エドワード・レルフ
高野岳彦／神谷浩夫／岩瀬寛之訳
都市計画と摩天楼を生んだ19世紀末からポストモダン終焉まで、都市の外見を構成してきた景観要素を考察。『場所の現象学』の著者が迫る都市景観の解読。

シュルレアリスムとは何か
巖谷國士
20世紀初頭に現れたシュルレアリスム――美術・文学を縦横にへめぐりつつ「自動筆記」「メルヘン」「ユートピア」をテーマに自在に語る入門書。

伊丹万作エッセイ集
伊丹万作
大江健三郎編
卓抜したシナリオ作家、映画監督伊丹万作は、絶妙な批評の名手でもあった。映画論、社会評論など、その精髄を集成。（中野重治・大江健三郎）

仏像入門
石上善應
仏像は観賞の対象ではない。仏教の真理を知らしめてくれる善知識なのである。浄土宗学僧のトップが出遇い、修行の助けとした四十四体の仏像を紹介。

レオナルド・ダ・ヴィンチ論
ポール・ヴァレリー
塚本昌則訳
レオナルドの創造の謎に魅せられて、その解明の試みに全精神を注ぐヴァレリー――認識の極限にくり広げられるスリリングな〈精神の劇〉。新訳。

幕末・明治の写真
小沢健志
西洋の技術として伝来した幕末から、商業写真や芸術写真として発展した明治中期までの日本写真の歴史。横浜写真、戦争写真など二〇〇点以上掲載。

グレン・グールド　孤独のアリア　ミシェル・シュネデール　千葉文夫訳

鮮烈な衝撃を残して二〇世紀を駆け抜けた天才ピアニストの生と死と音楽を透明なタッチで描く、最もドラマティックなグールド論。（岡田敦子）

民藝の歴史　志賀直邦

モノだけでなく社会制度や経済活動にも美しさを求めた柳宗悦の民藝運動。「本当の世界」を求める若者達のよりどころとなった思想を、いま振り返る。

魔術的リアリズム　種村季弘

一九二〇年代ドイツに突然現れ、妖しい輝きを遺して消え去った「幻の芸術」の軌跡から、時代の肖像を鮮やかに浮かび上がらせる。（今泉文子）

20世紀美術　高階秀爾

混乱した二〇世紀の美術を鳥瞰し、近代以降、現代すなわち同時代の感覚が生み出した芸術が、われわれにとって持つ意味を探る。増補版、図版多数。

鏡と皮膚　谷川渥

「神話」という西洋美術のモチーフをめぐり、芸術の認識論的隠喩として二つの表層を論じる新しい身体論・美学。鷲田清一氏との対談収録。

肉体の迷宮　谷川渥

あらゆる芸術表現を横断しながら、捩れ、歪み、時には傷つき、さらけ出される身体と格闘した美術作品を論じる著者渾身の肉体表象論。（安藤礼二）

武満徹エッセイ選　小沼純一編

稀代の作曲家が遺した珠玉の言葉。作曲秘話、評論、文化論など幅広いジャンルを網羅したオリジナル編集。武満の創造の深遠を窺える一冊。

高橋悠治　対談選　高橋悠治　小沼純一編

現代音楽の世界的ピアニストである高橋悠治。その演奏のような研ぎ澄まされた言葉と、しなやかな姿が味わえる一冊。学芸文庫オリジナル編集。

オペラの終焉　岡田暁生

芸術か娯楽か、前衛か古典か――。この亀裂を鮮やかに乗り越えて、オペラ黄金時代の最後を飾った作曲家が、のちの音楽世界にもたらしたものとは。

グレン・グールドは語る
グレン・グールド／ジョナサン・コット
宮澤淳一訳
独創的な曲解釈やレパートリー、数々のこだわりにより神話化された天才ピアニストが、最高の聞き手を相手に自らの音楽や思想を語る。新訳。

造形思考（上）
パウル・クレー
土方定一／菊盛英夫／坂崎乙郎訳
クレーの遺した膨大なスケッチ、草稿のなかからバウハウス時代のものを集成。独創的な作品はいかにして生まれたのか、その全容を明らかにする。

造形思考（下）
パウル・クレー
土方定一／菊盛英夫／坂崎乙郎訳
運動・有機体・秩序。見えないものに形を与え、目に見えるようにするのが芸術の本質だ。ベンヤミンをも虜にした彼の思想とは。（岡田温司）

ジョン・ケージ 著作選
ジョン・ケージ
小沼純一編
卓越した聴感を駆使し、音楽に革命を起こしたケージ。本書は彼の音楽論、自作品の解説、実験的な文章作品を収録したオリジナル編集。

ゴダール 映画史（全）
ジャン＝リュック・ゴダール
奥村昭夫訳
空前の映像作品「映画史 Histoire(s) du cinéma」のルーツがここに！一九七八年に行われた連続講義の記録を全一冊で文庫化。（青山真治）

増補 シミュレーショニズム
椹木野衣
恐れることはない、とにかく「盗め！」。独自の視点より、八〇／九〇年代文化を分析総括し、多くのシーンに影響を与えた名著。（福田和也）

ゴシックとは何か
酒井健
中世キリスト教信仰と自然崇拝が生んだ聖なるかたち。その思想をたどり、ヨーロッパ文化を読み直す。補遺としてガウディ論を収録した完全版。

卵のように軽やかに
エリック・サティ
秋山邦晴／岩佐鉄男編訳
音楽史から常にはみ出た異端者として扱われてきたサティとは何者？ 時にユーモラス、時にシニカルなエッセイ・詩を精選。（巻末エッセイ 高橋アキ）

湯女図
佐藤康宏
江戸の風呂屋に抱えられた娼婦たちを描く一枚のミステリアスな絵。失われた半分には何が描かれていたのか。謎に迫り、日本美術の読み解き方を学ぶ。

モーツァルト　礒山雅

彼は単なる天才なのか？　最新資料をもとに知られざる真実を掘り起こし、人物像と作品に新たな光をあてる。これからのモーツァルト入門決定版。

限界芸術論　鶴見俊輔

盆栽、民謡、言葉遊び……芸術と暮らしの境界に広がる「限界芸術」。その理念と経験を論じる表題作ほか、芸術に関する業績をまとめる。（四方田犬彦）

ダダ・シュルレアリスムの時代　塚原史

人間存在が変化してしまった時代の〈意識〉を先導する芸術家たち。二十世紀思想史として捉えなおす、衝撃的なダダ・シュルレアリスム論。（巖谷國士）

奇想の系譜　辻惟雄

若冲、蕭白、国芳……奇矯で幻想的な画家たちの大胆な再評価で絵画史を書き換えた名著。度肝を抜かれる奇想の世界へようこそ！（服部幸雄）

奇想の図譜　辻惟雄

北斎、若冲、写楽、白隠、そして日本美術を貫く奔放な「あそび」の精神と「かざり」への情熱。奇想から花開く鮮烈で不思議な美の世界。（池内紀）

幽霊名画集　辻惟雄監修

怪談噺で有名な幕末明治の噺家・三遊亭円朝が遺した鬼気迫る幽霊画コレクション50幅をカラー掲載。美術史、文化史からの充実した解説を付す。

あそぶ神仏　辻惟雄

白隠、円空、若冲、北斎……。彼らの生んだ異形でかわいい神仏とは。「奇想」で美術の常識を塗り替えた大家がもう一つの宗教美術史に迫る。（矢島新）

デュシャンは語る　マルセル・デュシャン　聞き手ピエール・カバンヌ　岩佐鉄男／小林康夫訳

現代芸術において最も魅惑的な発明家デュシャン。謎に満ちたこの稀代の芸術家の生涯と思考・創造活動に向かって深く、広く開かれた異色の対話。

音楽理論入門　東川清一

リクツがわかれば音楽はもっと楽しくなる！　楽譜で用いられる種々の記号、音階、リズムなど、鑑賞や演奏に必要な基礎知識を丁寧に解説。

イコノロジー研究（上）　E・パノフスキー　浅野徹ほか訳
芸術作品を読み解き、その背後の意味と歴史的意識を探求する図像解釈学。人文諸学に汎用されるこの方法論の出発点となった記念碑的名著。

イコノロジー研究（下）　E・パノフスキー　浅野徹ほか訳
上巻の、図像解釈学の基礎論的「序論」と「盲目のクピド」等各論に続き、下巻は新プラトン主義と芸術作品の相関に係る論考に詳細な索引を収録。

〈象徴《シンボル》形式〉としての遠近法　エルヴィン・パノフスキー　木田元監訳　川戸れい子／上村清雄訳
透視図法は視覚とは必ずしも一致しない。それはいわばシンボル的な形式なのだ――。世界表象のシステムから解き明かされる、人間の精神史。

見るということ　ジョン・バージャー　飯沢耕太郎監修　笠原美智子訳
写真の登場で、人間は膨大なイメージに取り囲まれ、歴史や経験との対峙を余儀なくされた。見るという行為そのものに肉迫した革新的美術論集。

イメージ　ジョン・バージャー　伊藤俊治訳
イメージが氾濫する現代、「ものを見る」とはどういう意味をもつか。美術史上の名画と広告とを等価に扱い、見ること自体の再検討を迫る名著。

バルトーク音楽論選　ベーラ・バルトーク　伊東信宏／太田峰夫訳
中・東欧やトルコの民俗音楽研究、同時代の作曲家についての批評など計15篇を収録。作曲家バルトークの多様な音楽活動に迫る文庫オリジナル選集。

新編　脳の中の美術館　布施英利
「見る」に徹する視覚と共感覚に訴える視覚。ヒトの二つの視知覚形式から美術作品を考察する、芸術論へのまったく新しい視座。（中村桂子）

秘密の動物誌　ジョアン・フォンクベルタ／ペレ・フォルミゲーラ　荒俣宏監修　管啓次郎訳
光る象、多足蛇、水面直立魚――謎の失踪を遂げた動物学者によって発見された「新種の動物」とは。世界を騒然とさせた驚愕の書。（茂木健一郎）

ブーレーズ作曲家論選　ピエール・ブーレーズ　笠羽映子編訳
現代音楽の巨匠ブーレーズ。彼がバッハ、マーラー、ケージなど古今の名作曲家を個別に考察した音楽論14篇を集めたオリジナル編集。

ちくま学芸文庫

シェーンベルク音楽論選《おんがくろんせん》　様式《ようしき》と思想《しそう》

二〇一九年九月十日　第一刷発行

著　者　アーノルト・シェーンベルク
訳　者　上田昭（うえだ・あきら）
発行者　喜入冬子
発行所　株式会社　筑摩書房
東京都台東区蔵前二―五―三　〒一一一―八七五五
電話番号　〇三―五六八七―二六〇一（代表）
装幀者　安野光雅
印刷所　三松堂印刷株式会社
製本所　三松堂印刷株式会社

ISBN978-4-480-09948-8　C0173